생명과학이 하나님을 만나다

모든 인간은 하나님의 형상을 닮은 존엄한 존재입니다. 전 세계의 모든 사람들은 인종, 민족, 피부색, 문화, 언어에 관계없이 존귀합니다. 예영커뮤니케이션은 이러한 정신에 근거해 모든 인간이 존귀한 삶을 사는 데 필요한 지식과 문화를 예수 그리스도의 사랑으로 보급함으로써 우리가 속한 사회에 기여하고자 합니다.

생명과학이 하나님을 만나다

초판 1쇄 찍은 날 · 2012년 1월 15일 | 초판 1쇄 펴낸 날 · 2012년 1월 20일
지은이 · 김영준 | 펴낸이 · 김승태
등록번호 · 제2-1349호(1992. 3. 31) | 펴낸 곳 · 예영커뮤니케이션
주소 · (136-825) 서울시 성북구 성북1동 179-56 | 홈페이지 www.jeyoung.com
출판사업부 · T. (02)766-8931 F. (02)766-8934 e-mail: edit1@jeyoung.com
출판유통사업부 · T. (02)766-7912 F. (02)766-8934 e-mail: sales@jeyoung.com

ISBN 978-89-8350-781-5 (03230)

값 10,000원

생명과학이 하나님을 만나다

현대생명과학이 성경적 전인치유의 진리를 증명하다

김영준 지음

머리말

21세기에 들어 생명과학은 '생명의 근원'에 대하여 획기적인 연구 성과를 이루어냈습니다. 오랜 세월 동안 유물론으로 일관하면서 창조론을 부인하던 과학자들이 유전자를 발견하고 유전자의 정체에 대해 깨닫기 시작했습니다. 그 결과, 천지창조의 비밀에 접근하고, 하나님과 마주치면서 과학자들은 서서히 유신론으로 전향하게 되었습니다.

의사인 저도 생명과학을 깊이 연구하게 되면서 창조와 생명에 관해 새로운 확신을 갖게 되기까지 과학과 성경 중 어느 것이 진리인지 몰라 혼돈과 혼란 속에서 방황하던 시절이 있었습니다. 어떤 것이 참다운 진리인지를 몰랐기 때문에 극심한 정체성의 혼란을 겪으며 혼돈의 날들을 보내던 중 생명과학의 새로운 발견을 통하여 성경의 수수께끼들을 확실히 이해할 수 있게 되었습니다. 저를 진리 앞으로 인도해 주시기 위해 과학이 성경을 증명하는 학문으로 전환

되는 놀라운 과정을 지켜보게 하신 여호와 하나님의 오묘하신 섭리에 깊이 감사할 따름입니다.

"닥터 김, 당신이 장로라면서 혼자만 천당에 가지 말고 나같은 사람도 갈 수 있게 설명 좀 해 줘요. 나도 그것을 이해할 수 있다면 당신이 믿는 하나님을 믿어 볼게요. 예수가 동정녀 마리아에게서 출생했다는 걸 정말 사실이라고 믿는 거요?"

"죽어 무덤에 묻히고 살이 썩은 냄새가 코를 찌르던 나사로를 예수가 살려내 걸어 나오게 했다면서요? 설마 그것을 진짜로 믿는 건 아니겠죠?"

이런 말로 신앙인인 저를 조롱하는 질문을 던지는 사람들이 종종 있습니다. 그럴 때마다 '왜 성경에 이런 어불성설의 이야기들이 쓰여 있어서 신앙심을 흔들어 놓을까?'라고 투덜거리며 허탈한 기분에 휩싸이곤 했었습니다.

1976년부터 17년간, 저는 미국 원호성 산하 재향군인병원에 속한 미국국립난치병연구기관인 노인평가 및 관리 클리닉(Geriatric Evaluation & Management Clinic)의 의료책임자로 근무했습니다. 그 기간에 생명과학자들이 발표하는 유전자의 기능에 관한 논문들을 접하게 되었습니다. 또한 이러한 새로운 학설들을 환자치료에 임상적으로 적용시켜 나오는 결과들을 체험하면서 그동안 저를 엄청난 고민 속으로 몰아넣었던 질문들에 대해 비로소 답할 수 있게 되었습니다.

예전에는 전혀 이해할 수 없었던 성경 구절들이 최신 논문들을 읽으면서 신성과 초능력을 간직한 유전자의 존재와 작용을 말하는 것임을 깨닫게 되었습니다. 그때마다 저는 근처에 살고 있는 신학대학 교수(Professor of Old Testament, Baylor University)를 찾아가 "이 논문 내용이 이 성경 구절을 설명하고 있다고 느껴지는데 저의 생각이 잘못된 것입니까?"라고 질문을 하곤 했습니다. 그때 그 교수로부터 들은 대답이 아주 인상적이었습니다.

"성경을 완전하게 해석할 수 있는 분은 주님뿐이십니다. 이 성경을 기록한 선지자들도 성령님이 알려 주시는 대로 기록하였을 것입니다. 성경은 쓰인 그 시대에만 적용되는 말씀이 아니고 세상이 끝나는 날까지 변함없이 통용되는 진리입니다. 제가 성경을 강의하고 있지만 이 성경의 모든 뜻을 안다고 말할 수는 없습니다. 만일 누가 성경의 뜻을 완전히 안다고 말한다면 그것은 교만입니다. 하나님의 뜻을 인간이 모두 알 수는 없습니다. 알 수 있었다면 왜 하와가 에덴동산에서 여호와께서 금하신 과일에 손을 댔겠습니까? 그러므로 닥터 김이 현대의 생명과학이 밝혀낸 유전자의 신비한 기능과 작동기전이 바로 이 성경 구절과 일치된다고 느꼈다면 주님께서 당신의 마음에 주신 은사일 것입니다."

한국의 저명한 학자 한 분은 "성경은 예수의 제자들이 쓴 편지인

데, 그것을 성경이라고 신격화하는 기독교인을 이해할 수가 없다."
라고 했습니다. 이렇게 성경을 단순한 편지로 이해하는 사람은 성
경이 성령님의 계시로 기록되었다는 것을 이해하지 못합니다. 아
니, 성령이 계시다는 사실을 전혀 알지 못합니다. 아득히 오랜 옛
날에 기록된 성경 구절들이 현대 과학이 이제야 밝혀낸 생명현상과
일치한다는 사실은 무엇을 의미하는 것일까요? 말할 것도 없이 성
경이 성령의 계시로 기록되었음을 증명하는 것입니다.

유전자와 병의 관계가 명확하게 밝혀지는 것을 보면서 저는 현대
의학만으로는 병을 정복할 수 없다는 사실을 깨달았습니다. 그래서
예수님이 명하신 성직자의 치유사역이 지금 이 시대에 지체 없이
시행되기를 바라는 심정으로 성직자와 의사들을 향해 이 글을 쓰기
로 결심했습니다.

현대의 생명과학은 생체분자(生體分子, organic molecule)를
'전사인자(轉寫因子, transcription factor)'라 명명된 유전자가 만
들어 내서 생명체를 운행하고 있음을 밝혀냈습니다. 단순히 생물
체를 논하던 생물학(生物學, biology)을 분자생물학(分子生物學,
molecular biology)이라는 새로운 학문으로 혁신하여 분자가 운
행하는 초능력 유전자의 기능을 설명하는가 하면, 이 신기한 유
전자에 뜻하지 않은 변이로 발생하는 질병의 원인과 기전 역시 생
체분자의 이상으로 발생한다는 사실도 알아냈습니다. 이것이 바

로 병의 발생 원인을 풀어가는 분자병리학(分子病理學, molecular pathology)입니다.

분자병리학이 이처럼 의학계에 새로운 혁명을 불러오면서 생명과학자들이 자연스럽게 유신론으로 전향하기 시작했습니다. 그럼에도 불구하고 일부 성직자들이 아직도 과학이 증명한 염색체가 바로 창세기 1장 28절의 하나님이 주신 '복'이라는 사실을 받아들이지 못하고 있어 안타깝기 한이 없습니다. 예수님의 치유사역과 거리를 두고 있는 성직자들과 아직도 과학만능을 외치며 신을 거부하는 의료인들이 이 책을 읽고 치유의 근본원리를 새롭게 이해하기를 바라고, 이로 인해 치유사역과 진정한 인술이 이 땅에서 다시 돌아오기를 기대합니다.

이 책은 과학이 '생명의 기원'을 밝히게 된 배경을 소개하고, 유전자 안의 '염색체'가 바로 생명이 시작되어 마칠 때까지 모든 작용을 관장하고 있다는 사실을 담은 생명과학의 논문들을 인용하여 성경에서 말하고 있는 생명현상을 설명하고자 했습니다.

이어서 창조주의 작품인 완전무결한 '염색체'에 어떻게 이상이 초래되며 질병이 발생하는지를 살펴보고, 이를 치유하는 힘이 믿음에서 온다는 사실을 예수님의 치유사역을 들어 증명하였습니다. 또한 믿음과 치유는 수레바퀴와 같아서 질병을 어렵지 않게 치유할 수 있는데에도 불구하고 어째서 우리 사회에 불치병이 만연하고 있는

지를 생각해 보았습니다.

치유사역은 단순히 병을 고치는 사역이 아니라, 살아 계신 창조주 하나님의 성전인 우리 인체가 하나님 말씀에서 떠나지 않으면 회복될 수 있음을 믿어 영생에 이르게 하는 구원사역입니다. 21세기의 현대과학도 믿음으로 안정된 마음가짐을 가질 때 유전자가 회복되어 병에서 회복할 수 있음을 우리에게 알려 주고 있습니다.

만시지탄의 감은 있으나 최근 들어 개신교의 일부 지도자들이 교회를 잘못 인도하여 부패상을 보이는데 대해 염려하는 목회자가 많이 생겨나고 있다는 사실은 참으로 다행한 일입니다. 500년 전에 종교개혁이 교회를 바로잡기 위해 일어났듯이 이 시대에도 다시 한번 종교개혁이 일어나야만 바로 설 수 있을까요?

생명과학이 창조주를 만났으니 과학자도, 의료인도, 성직자도 지난날을 벗어버리고 성경적 패러다임으로 힘을 합하여 주님의 구원사역에 동참하는 성스러운 일꾼이 되어야겠습니다. 이를 통해 사회를 바로잡고, 말세현상을 보이는 지구의 변화를 막아내며, 민중의 신뢰를 얻어 이 세상을 하늘나라와 같이 만드는 기초 작업으로 치유선교에 앞장서기를 기원합니다.

차례

제 1장
최근에 발표된 생명 기원설들

생명은 자연스럽게 발생한 것일까? 창조된 것일까? 이에 따라 사람들의 세계관은 유물론(唯物論), 또는 유신론(有神論)으로 갈라집니다. 그 세계관에 따라 사람의 건강관리의 지침도 달라집니다. 그러므로 생명의 기원이 어디에서 왔는가를 확인하는 것은 매우 중요한 과제입니다.

생명체의 기원에 관한 첫 번째 기록은 모세가 기록하였다는 구약성경의 창세기입니다. 창세기가 언제 기록되었는지는 정확히 알 수 없습니다. 아마 기원전 10세기부터 조금씩 글로 기록되고, 시간이 흐를수록 더 분명한 꼴을 갖추게 되었을 것이며, 오늘 우리가 읽는 창세기는 유대인들이 바빌론 포로 기간을 겪은 후인 기원전 400년경에 완전한 기록(책)으로 확정되었다고 추측됩니다. 우리가 원역사(原歷史)라 부르는 창세기 1-11장에는 창조 사건으로부터 아브라함의 생애가 시작되기까지의 이야기가 기록되어 있습니다. 그러나

기록된 연대는 전혀 알 수가 없습니다. 창세기 12-50장은 여러 고대 문서들과 비교해 보건대 주전 2300-1700년경으로 추측됩니다. 이는 고대 근동에서 발견되는 여러 가지 문서나 고고학적 발굴자료 등을 토대로 그 역사적 배경을 추측해 낸 것입니다.

소위 과학적으로 생명의 기원을 논한 첫 번째 학자는 1859년 11월, '진화론(進化論, evolution theory)'을 주창한 다윈(C. R. Darwin, 1801~1882)입니다. 그러나 이 학자는 최근에 와서야 밝혀진 우주 창조를 과학적으로 풀어낸 '빅뱅 이론(Big Bang Theory)'이나, 생명체를 엮어내는 설계인 '염색체(chromosome)'가 실존한다는 것은 전혀 몰랐습니다. 즉 과학적 논술이면서 과학적 근거가 확실치 않는 자신의 주장을 펴냈습니다. 그럼에도 불구하고 현대의 많은 사람들이 진화론을 진리인양 받아들이고 있습니다.

1978년에 스티븐 와인버그(Steven Weinberg, 1933~) 등이 우

주가 생긴 과정을 밝힌 '빅뱅 이론(Grand Unification Theory)'으로 노벨상을 받으면서 무(無)에서 유(有)의 물질 세상이 만들어진 과정, 즉 생명이 살아가는 바탕인 지구와 모든 물질의 구성 원소의 생성과정을 밝혔습니다. 1953년에는 제임스 듀이 왓슨(James Dewey Watson, 1928~) 등이 생명체의 설계가 입력되어 있는 DNA(Deoxyribonucleic acid, 디옥시리보 핵산; 생명체의 발생과 구성 및 운행의 정보가 입력되어 있는 유전자)가 사람의 기본 구조 물질인 '세포(cell)' 속에 잠재하고 있음을 밝혀냄으로써 인류역사상 처음으로 생명이 무엇이며, 생명체는 어떤 물질로 이루어지며, 그 생명과정은 어떻게 운행되는가를 알게 되었습니다. 이 모든 학설은 유물론적 과학지식이므로 현대인은 이와 같은 학설들을 진리로 받아들였습니다. 그 과학지식의 발전으로 의(衣), 식(食), 주(住) 모두 화려하게 개선되었습니다. 그런데 의료과학, 건강관리기술이 엄청

나게 발달하였음에도 불구하고 인간은 예전보다 더 많은 질병으로 시달리고 있습니다. 이와 같이 모순된 현상의 원인은 첫째로 현대 의료과학이 완전하지 못하며, 둘째로 삶의 터전인 생태환경이 악화되었고, 셋째로 생명체의 건강을 관장하는 유전자의 자생력이 약화된 결과라고 생각이 됩니다. 따라서 유물론적 세계관에 입각한 건강관리는 원칙적으로 개선되어야 한다는 결론에 도달했습니다.

사람이 우연히 발생하여 진화된 단순한 물질이라면, 현대의 물질과학(의학)으로 모든 질병은 정복될 것입니다. 그러나 사람이 조물주가 창조한 피조물이라면 현대 의학과 믿음을 바탕으로 하는 '전인치유'가 함께 이루어져야 인류를 질병에서 해방할 수 있습니다. 따라서 '생명의 기원이 창조냐, 자연발생이냐?'를 검토하기 위해 생명의 기원설에 대하여 살펴보고 넘어가야 하겠습니다.

1. 생명의 기원설, 'RNA 세상설'

　'RNA 세상설'은 하버드 대학 교수인 알론소 리카도(Alonso Ricardo)[1]와 매사추세츠종합병원의 유전학 교수 잭 조스택(Jack W. Szostak)[2]이 발표한 논문 〈지구상의 생명의 기원 (Origin of Life on Earth)〉에서 나온 것으로 생명의 기원설 분야에서 현재 가장 권위를 인정받고 있는 가설입니다. 이 가설은 가장 단순한 세균이라도 그 세포 속에 최첨단 기술인 '나노(nano)' 기술자도 놀랄 정도의 정밀한 분자기계(分子機械)가 꽉 차 있어 생명현상을 유지한다는 사실을 밝히고 있습니다. 이 분자기계들은 세포 속에서 쉴 새 없이 진동(振動)과 회전(回轉), 이동(移動)을 하면서 DNA 또는 RNA(Ribonucleic Acid, 리보 핵산-DNA, 유전자의 구성 성분으로 유전정보인 염기(鹽基)와 그 받침대로 이루어져 있다.) 등의 유

---

1) Alonso Ricardo & Jack W. Szostak, Origin of life on earth, *Scientific American*, 2009-12.
2) Jack W. Szostak, Fynthesizing Life, *Nature*, vol:409, 2001-1, p.387~390.

전물질을 자르고 붙이고, 전사(轉寫-본래의 것과 다른 것으로 만드는 기능)하고, 복제(複製-자신과 똑같은 또 하나를 만들어 내는 것)하는 등 생명현상을 운행해 갑니다. 또 영양소를 에너지로 변화시키고, 세포막을 만들기도 하고 고치기도 하며, 세포와 세포 간, 유전자와 유전자 간의 기계적, 화학적, 전기적 신호의 중계역할도 하고 있습니다. 그러므로 생명은 RNA에서 시작되었다고 단정하는 생명의 기원설이 'RNA 세상설'입니다.

그러나 분자기계의 작동능력은 아직도 다 밝혀지지 않았고, 계속 새롭게 발견되고 있습니다. 아직도 세포 속의 생명운행 기능은 신비에 싸여 있습니다. 그뿐 아니라 '이 RNA 분자 자체는 어디에서 왔으며, 이 분자로 엮어진 유전자에 입력된 신비하고 오묘한 기능은 누가 입력했을까?' 이 물음에 대한 답은 자연 발생한 것이 아니라 피조물이라는 결론으로 기울기 시작하였습니다. 왜냐하면 인류가 창조로부터 현재에 이르기까지 전혀 달라지지 않았다는 사실이 RNA 기능에는 정해진 원칙이 있었다는 것을 말해 주고 있으며, 최근에 와서 생명 현상을 집행하는 유전자에 대한 논문들이 속속 발표되면서 과학자들도 전지전능한 창조주의 존재와 모든 생명체가 그의 피조물임을 인정하기에 이르러 유신론적 세계관으로 전환하기 시작했습니다.

1950년대 시카고 대학의 밀러(Stanley L. Miller)와 유리

(Harold C. Urey) 교수는 이 분야에서 선구적인 실험을 한 사람들로 유명합니다. 그들은 실험을 통하여 조건만 갖추어지면 단백질 구성분자인 아미노산(amino acid)에서 단순한 화학물질이 생겨난다는 사실을 입증해 보였습니다. 단백질 합성과정은 다음과 같습니다. 먼저 이중나선구조인 DNA를 분해하여 유전자의 염기서열(鹽基序列)에 입력된 단백질의 설계도 정보를 RNA에 옮겨 줍니다. 그런 다음 RNA에 옮겨진 정보를 단백질 공장인 '리보솜(ribosome-세포질 속에 있는 단백질 생산 공장)으로 보내 많은 효소(enzyme)의 도움을 받아 단백질을 생성하게 됩니다. 하지만 이와 같은 실험은 생명이 어떻게 생겨났는가를 설명해 주지 못합니다. 왜냐하면 생명물질인 단백질을 만들기 위해서는 DNA 단백질 정보 외에도 아미노산과 효소가 필요한데, 이에 대한 기원을 설명할 정보는 전무하기 때문입니다. 만약 그들의 실험이 생명의 기원을 밝히는 것이라면, '최초의 단백질 합성의 정보는 누가, 어떻게 입력했을까?'라는 문제에 부딪치게 됩니다.

불교의 경전인 '마하반야바라밀다심경(摩訶般若波羅密多心經)'에는 다음과 같은 말이 있습니다.

"관자재보살이 깊은 '반야바라밀'을 수행할 때에 오온(五蘊-色, 受, 想, 行, 識)이 모두 공허함을 확연히 알고 이 모든 고통에서 벗어났느니라. 사리자여, 물질적 현상이 그 본질인 공(空)과 다르지 않고, 공 또한 물질적 현상과 다르지 않으니, 물질적 현상이 곧 본질인 공이며, 공이 곧 물질적 현상이며 감각작용, 지각작용, 의지적 충동, 식별작용도 다 공이로다."

곧 물질의 창조과정이 물질이 아닌 것에서 시작되었음을 설파하고 있습니다. 사람의 몸이 태중에서 염색체에 입력되어 있는 유전정보(물질이 아닌 공)로부터 왔으니 경전에 쓰인 물질과 공의 상관관계가 동일하다는 설명이 가능합니다. 즉 성경의 창조원리와도 크게 다르지 않음을 알 수 있습니다.

성경의 창세기는 전지전능한 창조주의 생명창조 역사를 기록한 글입니다. 창세기를 현대 생명과학으로 조명해 보면 예전에는 이해할 수 없었던 구절이 명확하게 수긍이 가는 중요한 사실들을 발견할 수 있습니다.

"하나님이 그들에게 복을 주시며 하나님이 그들에게 이르시되 생육하고 번성하여 땅에 충만하라, 땅을 정복하라, 바다의 물고기와 하늘의 새와 땅에 움직이는 모든 생물들을 다스리라 하시니라."(창 1:28)

즉 인류가 번성하려면 창조주가 내리신 '복'이 필수적인데, 생명과학은 생명체가 다음 세대(世代)를 번성하는데 꼭 있어야 하는 '염색체(DNA로 구성)'를 '영원불멸의 분자(eternal molecule)'라고 불러 피조물임을 인정하게 되었으니 생명과학이 발견한 '염색체'가 하나님이 주신 '복'이라고 쉽게 이해하게 됩니다.

진화론자들은 우연히 생겨난 최초의 생명체가 세월이 흐르는 동안 복제과정에서 변이가 발생하고 생존경쟁을 통해 지금처럼 진화가 이루어졌을 것이라고 주장합니다. 그들의 주장이 옳다면, 지금과 같이 공해로 뒤덮인 세상에서 생물이 살아남기 위하여 많은 종(種)들이 생존경쟁을 통해 새로운 변종으로 진화하여 생명을 유지해야 합니다. 그러나 사실은 반대로 수많은 종들이 멸종을 당하고 있으니 합당한 이론이라 할 수 없습니다.

　　위의 가설들을 내놓은 생명과학의 선구자들도 최초 생물의 실제 모양과 생명이 발생할 때의 환경에 대해서 과학적으로 정확히 해명하는 것은 영원히 불가능할 것이라고 말했습니다.

2. 과학만능주의 세계관이 갖는 모순

1859년 이전까지는 대개의 지식인들은 '종의 불변'을 믿고 있었습니다. 즉 현재의 동식물은 천지창조 때에 만들어진 것과 같다는 것입니다. 현대 사람의 모습이 아담과 같다는 뜻이기도 합니다. 모든 생물은 처음 만들어졌을 때의 모습과 지금의 모습이 같다는 것은 진리와 같은 것이었습니다. 그들은 또 모든 동물의 종이 하나하나 따로 창조되었다는 성서의 기술을 받아들이고 있었습니다. 그런데 1859년 11월에 다윈이 『종의 기원(On the Origin of Species by Means of Natural Selection or the Preservation of Favoured Races in the Struggle for Life)』이라는 제목으로 런던의 존 머레이(John Murray) 출판사를 통해 세상에 소개한 후부터 사람들은 '진화론'을 받아들여 세계관은 달라졌습니다.

지금으로부터 불과 150년 전부터 많은 과학자들은 지구 최초의 생명이 단순한 분자(分子, molecule)로부터 화학반응(化學反應)

을 거쳐, 즉 화학진화(化學進化)를 거쳐 탄생하였다고 주장하기 시작했습니다. 그러면서도 '어디에서' '어떻게' 화학진화를 거쳐 '생명의 근원'이 된 '분자'가 탄생했는가에 대하여는 입증하지 못했습니다. 우주 탄생을 설명한 '빅뱅'으로 만들어진 '원자(atom)'가 분자의 기원이라고 설명하겠지만, 대폭발을 유도한 원동력은 어디에서 왔는가에 대한 설명은 불가능하기 때문에 이 모든 가설은 어디까지나 가설(假說)일 따름입니다.

1953년에 DNA를 발견한 생명과학자들은 생명의 근원이 DNA라며 'DNA 세상설'을 주장했습니다. 그런데 2009년 봄 RNA의 자연 발생과정을 재현시키는 실험이 성공하자 이번에는 최초의 생명이 RNA이라고 주장하는 'RNA 세상설'이 등장했습니다, 이 가설은 "생명체가 분자로부터 생겨났다"는 주장을 전개합니다. 그러나 RNA의 자연발생을 증명하였다고 해도 역시 RNA 자체의 기본적인 구성분자가 최초에 어디에서, 어떻게 생겨났느냐에 대한 대답은 해주지 못합니다. 과학은 지금까지 '분자'가 생겨난 후 생명물질이 엮어지는 과정을 밝혀냈을 뿐, 그 근본 물질인 '분자'에 대해서는 정작 아무것도 설명해 주지 못하고 있습니다.

한편으로 뉴욕 대학 로버트 샤피로(Robert Shapiro) 교수는 'RNA 세상설'의 모순을 반박하면서 '대사기원설(代謝起源設)'[3]을 주

---

3) Robert Shapiro, A Simpler origin for ;ife, 2007-6, *Scientific American*, http://www.nikkei-science.com/ p.15~23.

장했습니다. 대사기원설은 'RNA 세상설' 이전의 생명발생을 설명하는 가설로서 'PNA(Peptide Nucleic Acid) 생명분자설'로도 불립니다. 이 가설에 따르면, 생명의 근원은 자기복제(自己複製)를 할 수 있는 분자가 아니고, 대사반응(代謝反應) 회전 장치를 내포(內包)하고 있는 소포(小胞, 원시세포), 또는 펩티드핵산(Peptide Nucleic Acid-짧은 체인으로 된 아미노산)이었을 것이라고 합니다. 그러나 이 가설 역시 생명 발생에 기본역할을 했을 '원시세포(archaeocytes)'가 어떻게 생겨났느냐에 대해서는 설명하지 못하고 있습니다.

또 다른 가설로는 '생명이 어디에서 시작되었을까?'에 초점을 맞춘 '심해저광물기원설(深海底鑛物起源設)[4]'을 워싱턴 카네기연구소 지구물리학 연구실의 로버트 헤이즌(Robert M. Hazen)이 발표했습니다. 심해저의 광물표면에 생명체의 근원이 간직되어 있었으리라고 주장하는 가설인데, 생체분자의 기묘한 성질을 설명하는 데에는 설득력이 있을 수 있으나 이 학설 역시 해저의 광물이 어떻게 생겨났는가를 설명해 주지는 못합니다.

또 하나의 가설은 '생명이 어디에서 시작되었을까?'에 초점을 맞춘 '외계생명기원설'을 휴스턴 대학 교수 데이비드 웜플래시(David Warmflash)와 MIT 공과대학 교수 벤자민 와이스(Benjamin

---

4) Robert M. Hazen, Life's Rocky Start, 2001. 4, *Scientific American*, http://www.nikkei-science.com/ p.34~43.

Weiss)가 공동 명의로 논문을 발표했습니다.[5] 이렇게 여러 가지로 생명의 기원설은 주장되었습니다. 그렇다면 지구 밖의 생명체는 누가 만들었을까요? 이 가설이 사실이라고 해도 생명의 시작점을 설명하지 못하는 문제점을 안고 있습니다.

위의 가설들과는 달리 색다른 주장도 있습니다. "생명이 우주공간의 얼음(氷)에서 생겨났다."는 주장을 NASA 엠스 연구센터의 데이비드 블레이크(David Blake)가 발표했습니다.[6] 이런 주장을 펴는 학자들은 우주공간의 얼음이 고체(固體)가 아니라 딱딱한 액체(液體)라는데 주목하여 생체분자가 이것을 타고 지구에 왔을 것이라고 추론합니다. 그들의 말대로 만일 생명의 근원인 생체분자나 생명체 자체가 우주에서 왔다면 다른 혹성(惑星)들에도 생명체가 있다는 이야기인데, 아직까지 지구 외에 어느 행성에서도 사람과 같은 생명체가 발견된 경우는 없습니다.

생명현상을 운행하는 원동력은 단백질 분자인데 이 분자를 생체분자(生體分子)라고 부릅니다. 과학자들은 염색체에 네 종류의 염기로 이루어진 염기서열(鹽基序列—염기가 어떤 순서로 짝을 짓느냐에 따라 유전정보가 입력된 염기의 순서)이 핵산 속에 간직되어 있으며, 이 염기서열의 암호를 번역하여 20종의 아미노산으로 생

5) Warmflash & Weiss, Did life come from another world, 2005-11, *Scientific American*, http://www.nikkei-science.com/ p.44~52.
6) David Blake, The ice of life, 2001.8, *Scientific American*, http://www.nikkei-science.com/ p.54~60.

체분자(生體分子-생명현상을 집행하는 분자인 아미노산)를 합성해 내는 전사인자(轉寫因子-음식에서 유래한 분자를 다시 엮어서 생체분자로 만드는 유전자)가 있다는 사실을 알아냈습니다.

유전자 연구에서 얻은 가장 큰 성과는 DNA의 작용을 실제로 이끌어가는 RNA의 발견입니다. 유전자를 조절하는 RNA의 기능이 밝혀지면서 생명과학은 1953년부터 시작된 'DNA 세상'에서 'RNA 세상'으로 진전되었습니다.

그러나 이렇듯 주장과 반론의 가설이 많다는 것은 그 어느 하나도 확실한 진리가 아니라는 사실을 뜻합니다. 그런데도 과학이라면 무조건 진리라고 믿는 현대인의 유물론적 세계관은 확실히 문제가 있습니다. 과학이라는 학문이 근 200년 동안이나 이 세상에 영향을 미쳐왔고 과학만능주의 사회에서 태어난 현대인은 어려서부터 진화론에 입각한 과학교육을 받으면서 자라왔기 때문에 그 교육을 무조건 믿는 데서 기인한 것입니다.

유물론적 세계관에 깊게 물든 과학자들이 지구에 존재하는 모든 자원을 과학적으로 처리하여 사람들의 생활에 편리한 쪽으로만 연구하다 보니 어느새 지구 자원은 고갈되고 공해는 심해져서 창조주가 아름답게 여기신 지구의 생물들이 멸종해 가는 결과를 가져왔습니다. 과학자들이 성경적 세계관을 갖고 있었더라면 지금의 지구가 이렇게까지 생명체가 살아가기 힘든 곳으로 변하지는 않았을 것입니다.

특히 성경을 가르칠 때, 생명과학자들의 논문을 인용하거나 모순된 점을 지적하면서 과학이 발견한 생명에 관여하는 분자들이 새로운 것이 아니며 이미 성경에 기록되어 (과학적 명칭과는 다름) 있음을 설명해 주었더라면 고등교육을 받고 사회를 이끌어 나가는 자리에 있다 해도, 아무리 새롭고 신비한 과학적 발견이 발표되어도, 항상 성경을 먼저 생각하는 세계관을 갖게 되었을 것입니다.

하지만 안타깝게도 그렇지 못했기 때문에 인륜도덕이 천대를 받고 이기주의가 팽배해서 성경은 교회 안에서만 통용되고, 과학은 사회생활 전체를 지배하는 학문이 되었습니다. 이런 환경 속에서 유물론적 세계관이 세상을 지배하게 된 것은 당연한 결과입니다. 그러므로 이제라도 이와 같이 잘못된 세계관을 사회적으로 바로잡으려면 성경만이 우리 인류가 반드시 알고 지켜야 할 진리라는 사실을 교회가 증명할 수 있어야 합니다.

그러기 위해서라도 교회는 사람들의 신뢰를 얻어야만 합니다. 현대사회에서 성경의 진리를 증명해 보이고 신뢰를 얻어 모든 사람을 하나님 앞으로 인도하는 길은 '치유선교'에 있다고 믿습니다. 치유선교를 통하여 모든 사람들에게 생명을 되살리는 주님의 은혜를 2000년 전에 있었던 기적임을 성경의 기록으로만 생각지 말고, 현세대의 사람들이 예수를 믿음으로 체험할 수 있게 교회가 실천에 옮겨야 합니다.

제 2장
과학이 밝혀낸 생명의 신비

1. 신비한 인체의 세계

사람의 몸이 어떻게 생겨나는지는 신비스럽기만 하고 쉽게 설명할 수 없어서 그저 남여가 짝을 이루면 자연히 생겨나는 것으로만 생각해 왔습니다. 현대 생명과학은 인체를 구성하는 물질구조의 기본 단위가 세포(細胞, cell)이며, 각각 다른 임무를 수행하는 세포들이 한 목적(주어진 수명)을 위해 협동 작업을 하면서 생명현상을 운행하고 있는데, 한 사람의 시작인 첫 번째 세포는 아버지의 정자(精子) 속의 염색체(染色體, chromosome)와 어머니의 난자(卵子) 속의 염색체가 결합하여 수정란 세포(授精卵 細胞) 한 개를 창출하는 데서 시작함을 확인했습니다.

새 생명 잉태(孕胎)의 실제 현실은 염색체에 의하여 이루어집니다. 성경 창세기 1장 28절에 "하나님이 그들에게 '복'을 주시며 그들에게 이르시되 생육하고 번성하여 땅에 충만하라."라고 기록되어 있습니다. 잉태는 하나님이 주신 복으로 이루어지도록 창조주께서 마련하셨음을 알 수 있습니다. 창조주께서 사람을 번성하는데 쓰이도록 주신 복은 해석하기에 따라 다르겠지만 그 중에 하나가 바로 이 '염색체'라는 것입니다. 왜냐하면 실제로 사람이 잉태되려면 남녀의 염색체의 결합이 없이는 불가능하기 때문입니다.

2003년 2월말 미국 콜드스프링 하버 연구소에서 개최한 DNA 발견 50주년 특별학술대회에서 카리나 데니스(Carina Dennis)는 새 생명 창조에 반드시 개입하는 신비성을 지닌 이 염색체를 '영원불멸의 분자(Eternal Molecule)'라고 명명했습니다.[7] 염색체도 하나님의 피조물임을 인정하는 발언을 전 세계에서 모인 생명과학자들 앞에서 한 것입니다. 이것은 과학자가 생명은 피조물임을 처음으로 인정한 발언이었습니다.

그런데 왜 새 생명 잉태의 필수 조건을 두 가지 명칭으로 부르게 되었을까요? 이와 같은 혼돈을 초래한 것은 전적으로 인간의 잘못입니다. 이 염색체를 발견한 생명과학자가 크리스천이었더라면 "나는 하나님이 주신 '복'을 발견했다."라고 창조주의 말씀을 눈으로 보게 하신 은혜에 감사의 눈물을 흘렸을 것입니다. 어찌 창세기의 말씀을 저버리고 자신의 임의로 '염색체'라는 생소한 명칭을 사용했겠습니까? "진리를 알지니 진리가 너희를 자유롭게 하리라"(요 8:32)라는 말씀이 새삼스럽게 가슴에 울려옵니다.

---

7) Carina Dennis, DNA is Eternal Molecule, *Nature*, vol:421, 2003-1-23, p.395~453.

이 글을 써 내려가는 저 자신도 크리스천임을 자처하면서도 '하나님이 주신 복'을 '염색체'라고 기술하고 있습니다. 왜냐하면 사회의 사람들은 '염색체'라는 명칭으로 어려서부터 교육을 받아와 속세의 과학적 명칭이 성경보다 더 일반적으로 쓰이고 있기 때문입니다. 그러나 독자 여러분은 이 글 속에 염색체라는 단어가 눈에 띌 때마다 '하나님이 주신 복'으로 생각하고 읽어 주시기 바랍니다. 마치 삼위일체를 믿는 우리들이 성부, 성자, 성령의 세 가지 중 어느 위를 호칭해도 머릿속에서는 하나님이 떠오르는 것과 마찬가지로 읽어 주시기 바랍니다. 어쩌다가 이 세상을 성경보다 과학의 지식이 상징으로 통용되게 만들었는지 믿는 자가 반성해야 할 가슴 아픈 일입니다.

정자와 난자의 껍질을 벗겨 보면, 그 속에는 유전자(DNA)의 덩어리인 염색체가 13개씩 들어 있을 뿐입니다. 그러므로 수정란 세포에는 아버지의 정자로부터 온 13개의 염색체와 어머니의 난자로부터 온 13개의 염색체가 합쳐져 26개의 염색체로 이루어져 있습니다. 이 염색체가 바로 새로 태어날 생명체의 설계도입니다. 이 수정란 세포는 사람의 모양을 하고 있지 않습니다. 두루뭉수리의 수정란은 분열 증식하여 약 40조 개로 불어나면서 오장 육부와 팔다리를 염색체에 입력된 정보대로 만들어서 한 사람의 모양을 갖추고 세상에 탄생합니다. 염색체에는 오묘한 신비가 선천적으로 입력되어 있어서 이것이 피조물임을 확인해 줍니다. 수정란이 세 번 분열

하여 여덟 개의 세포로 증식했을 때, 그 중 한 개의 세포를 추출하여 유전자를 분석하면 이 사람의 성장이 완료된 때의 모습을 예측해 볼 수 있습니다. 이것을 '착상 전 진단(着床前 診斷)'이라 부릅니다. 착상 전 진단은 1989년에 처음으로 앨런 핸디사이드(Alan H. Handyside)가 중합효소연쇄반응법(Polymerase Chain Reaction)을 이용하여 성공하였으며, 지금은 형광염색법(Fluorescence in-situ Hybridization)으로도 진단이 가능해졌습니다.

태아가 자궁 속에서 자라기도 전에 태아의 전체 모습을 알 수 있는 '착상 전 진단'과 똑같은 말씀이 BC 650년경에 기록된 구약성경의 예언서인 예레미야서 1장 4-5절에 이미 언명되어 있었습니다.

"여호와의 말씀이 내게 임하니라. 이르시되 내가 너를 모태에 짓기 전에 너를 알았고, 네가 배에서 나오기 전에 너를 성별하였고"

이 성경 구절을 현대인의 지식으로 풀어보면 '내가 너를 모태에 짓기 전에 너를 알았고'라는 구절은 '창조주인 내가 너의 설계를 만들었으니, 너의 모양이 갖추어지기 전에 너를 구별할 수 있다.'는 말이며, '네가 배에서 나오기 전에 너를 성별하였고'라는 말은 '내 설계대로 네가 엮어짐으로 네가 세상에 나오기 전에도 나는 너를 성별할 수 있다.'라는 말이 됩니다. 태아의 성장이 완료되어 세상에 나오기도 전에 새 생명체를 구별할 수 있다는 성경 구절이 정확한 사실을 말한 진리라는 것을 '착상 전 진단'이라는 과학기술이 증명하였습니다. 생명과학의 진보는 과학적 지식을 우선으로 따르는 현대인에게 성경말씀이 진리임을 확인해 주고 있습니다.

태아가 모태에서 사람의 형태로 완성되기까지는 적어도 8개월의 시간이 필요합니다. 이 기간에 세포들이 분열 증식하면서 눈, 코, 귀, 손, 발, 오장 육부를 빚어 나갑니다. 이 순서는 수정란 염색체에 입력되어 있습니다. 다시 말해서 새 생명체의 완성된 형태는 몸의 각 부분이 빚어지기도 전에 이미 염색체에 입력되어 있다는 말입니다. 생명체의 설계인 염색체는 물론 아버지와 어머니가 자신이 원하는 모양으로 입력한 것은 아니며, 인류의 시조를 창조하실 때부터 조물주께서 입력하신 것이 면면히 현재에까지 이어져 내려오고 있음이 확실합니다.

창조주의 신성(神性)인 초능력의 집행관(執行官)격인 '염색체'는 사람의 시조로부터 면면하게 지금까지 이어져 내려오고 있습니다. 사실 부모는 임신이 이루어진 것조차 모르고 있다가 생리에 이상이 오고 몸에 변화가 와서 진단을 받고 임신했다는 사실을 알게 됩니다. 그러나 임신된 아기가 아들인지, 딸인지, 키가 큰지, 작은지, 미인인지를 임신한 임부 자신도 전혀 모릅니다. 부모가 미스 코리아를 낳고 싶다고 미녀가 태어나는 것이 아니고, 대통령감인 아들을 낳고 싶다고 그런 아들을 임신할 수는 없습니다. 심지어 쌍꺼풀 하나도 엄마의 마음대로 태중에서 만들지 못해서 성형외과를 찾아서 만들고 있지 않습니까? 우리는 엄마와 아버지의 뜻대로 빚어진 것이 아니라는 사실이 확실하지 않습니까? 아버지는 정자 속에 자신의 부모로부터 물려받은 염색체 13개를 담아 성교의 과정을 거쳐 엄마의 몸속으로 보내는 작업을 마쳤을 뿐이며, 엄마도 자신의 난자 속에 자신의 부모로부터 물려받은 염색체 13개를 담아 나팔관(喇叭管)에 보내서 남편과의 성교로 받아들인 정자를 기다리게 하는 작업을 마쳤을 뿐입니다.

여기까지는 두 사람이 자신의 뜻대로 할 수 있지만, 그 정자가 난자를 만나서 수정란을 만들고 못 만드는 과정은 전혀 부모의 의지대로는 되지 않습니다. 그래서 불임증 부부는 인공수정을 해서 임신을 하지 않습니까? 생명체가 대를 이어 번성하려면 염색체로 다음 세대의 생명체를 만들어 내야만 합니다. 이와 같은 차세대를 만드는 첫째 과정이 바로 암수의 짝짓기로 염색체를 합쳐서 수정란을 만드는 작업입니다. 염색체를 간직한 정자(精子)는 아버지의 몸을 떠나서 어머니의 생식기관으로 들어가야 하고, 난자(卵子)는 어머니의 난소를 떠나 '나팔관'으로 가야 합니다. 거기서 한 몸을 이루어 드디어 수정란(受精卵)인 새 사람의 첫 번째 세포가 생겨납니다.

"이러므로 남자가 부모를 떠나 그의 아내와 합하여 둘이 한 몸을 이룰지로다."(창 2:24)

세상의 거의 모든 민족의 혼인은 여자가 남자의 집으로 시집을 가도록 되어 있습니다. 그러니 남자가 부모를 떠나야만 혼인이 이루어지는 것은 아니잖습니까? 그러나 생명 과학적으로는 남자의 염색체는 아버지의 몸을 떠나 아내의 몸으로 들어가 아내의 난자와 합쳐야 한 몸을 이루어 수정난인 새 인생이 시작되는 것입니다.

이 작업은 누구나 본능적으로 순종하고 있습니다. 이와 같이 창조주께서 사람을 창조하실 때 주신 말씀에 의해 행해지는 행동이 바로 '본능'입니다. 본능은 사람이 태어날 때부터 아무런 사전교육을 받은 바 없어도 자연스럽게 행해지는 행동이자 창조주가 주신 행동입니다. 사람의 '양심(良心)'도 같은 것입니다. 창조주 하나님은 '복'이라고 표현하셨는데 이것을 발견한 과학자는 기독교인이 아니라서 성경을 몰랐기 때문에 '유전자'라고 명명했습니다. 그래서 현대과학 만능으로 사는 사람들은 하나님이 내리신 '복'과 '유전자'는 다른 것인 줄 알고 착각 속에 살고 있습니다. 생명을 하나님이 창조했다는 성경 말씀과 생명체의 첫 번째 세포인 수정란을 창출하는 염색체는 피조물이라고 과학적으로 증명하는 논문은 일맥상통하지 않습니까?

성경 마태복음 23장 9절에는 "땅에 있는 자를 아버지라 하지 말라. 너희의 아버지는 한 분이시니 곧 하늘에 계신 이시니라."라고 기록되어 있습니다. 예의범절을 자녀교육의 으뜸으로 지켜 내려온 우리나라 사람들에게는 참으로 많은 오해를 불러오는 구절입니다.

그래서 "예수쟁이는 제 아버지를 아비라고도 부르지 않을뿐더러 조상의 제사도 지내지 않는다."라며 빈정거림을 당하기도 했습니다. 마태복음 23장은 예수님을 적대시하는 자들의 요새인 예루살렘 성전에서 특별히 제자들과 바리새인들과 많은 군중 앞에서 바리새인들을 탄핵하시면서 하신 말씀입니다. 바리새인들은 그들의 높은 신분에 합당하게 군중이 자신을 '랍비', '아비', '지도자'라고 불러 주기를 요구했습니다. 여기서 '아비'라 함은 '나의 생명을 주신 자', 즉 절대자로서 '나'는 그분에게 절대적으로 복종해야 할 피조물이라는 뜻이 있습니다. 이런 행위는 하나님께 속한 권위를 자신을 위하여 쓰려는 이기적인 행동이므로 그리스도인은 그렇게 해서는 안 된다고 꾸짖으신 대목입니다.

그런데 현대에 와서 창세기 1장 28절에 명시되어 있는 '복'이 염색체에 해당한다는 생명과학의 연구 결과가 나오고 보니, 실제로 '나'에게 생명력을 주신 분은 창조주 하나님 한 분이시라는 것을 이해할 수 있게 되었습니다. 성경은 아득한 옛날에 기록되었는데 그 말씀이 오늘에 와서 과학적인 해석과 일치하게 되니 참으로 놀라운 진리라는 것을 또 한 번 깨닫게 됩니다.

내가 어머니로부터 생명을 받아 이 세상에 태어났을 때, 나의 정자를 만들어 낼 수 있는 세정관(細情管)을 출생 전에 태중에서부터 이미 가지고 출생했습니다. 내 아내도 출생 전에 태중에서부터 난자를 생산할 난소(卵巢)를 이미 가지고 태어났습니다. 이와 같은 연속은 인류의 시조로부터 면면히 현대에까지 이어져 내려왔습니다. 앞으로도 인류가 존속하는 한 이어져 내려갈 것입니다. 그러므로 사람을 창조하는 유전자는 내 부모나 내가 만들어서 다음 세대를 엮어 나가는 것이 아니며, 인류의 시조를 창조하실 때부터 현재에 이르기까지 유전되어 내려왔으니 창조주가 계심을 의심할 여지가 없습니다.

우리 몸을 이루는 세포는 그 하나하나가 모두 독립된 생명체이나, 그들은 전체가 뭉쳐서 한 생명체를 운행하고 있습니다. 그러므로 모든 세포는 서로 연락하고 협력하여 '건강'이라는 한 목적을 달성하면서 주어진 수명에 이르기까지 각자가 맡은 바 임무인 생리현상을 전체를 위해 봉사해야만 합니다. 이것이 바로 사람이 사람들과 어울려 살아가는 인간사회의 표준이 되는 순리(順理)입니다. 이 순리를 가르치는 글이 바로 '성경'이며, 그것을 실천하고 보여 주신 분이 예수님이십니다. 그러므로 우리가 성경 말씀을 떠난 생활을 하면 건강을 잃게 되는 것은 너무나 당연한 결과입니다. 잘못된 생활을 고치고 말씀을 따르는 믿음을 다시 찾으면 건강은 다시 돌아올 것이 분명하지 않습니까?

세포는 전체를 위해 행동해야 하므로 우리 몸이 지금 이 순간 어떤 목적을 달성하기 위해 달리고 있는지를 알아야 합니다. 내 주위의 세포들은 모두 그 목적을 위한 방향으로 움직이고 있는지, 또

'나'라는 생명체의 주위 환경은 어떻게 돌아가고 있는지를 아주 사소한 변화까지 감지하고 판별하면서 생명을 운행하고 있습니다. 이렇게 세포는 우리의 주위 환경인 마음의 변화와 생활환경의 물리학적 변화를 수시로 감지하는 초능력을 가지고 태어납니다. 이와 같이 주위 환경의 변화를 감지하면서 나를 적응시켜 건강을 지켜 나가는 행동은 바로 본능적으로 이루어집니다. 이것을 담당하는 인체의 구조물이 바로 '자율신경(自律神經, autonomic nerve)'이라는 것을 알게 되지는 참으로 오래되었습니다. 그러나 이와 같은 초능력이 어떻게 어디에서 집행되는지는 21세기에 들어와서 처음으로 알게 되었습니다. 이 능력은 '믿음', 즉 '의지할 수 있는 마음'에서 우러난 '생각'이 뇌신경으로 하여금 '신경전달물질(神經傳達物質, neurotransmitter)'을 방출하여 자율신경계를 반응하게 함과 동시에 '호르몬(hormone)'을 분비하여 우리의 몸을 변화시킬 수 있습니다.

같은 목적을 수행하는 여러 가지 기능의 세포가 한 군데로 모여 한 장기(臟器, organ)를 이룹니다. 예를 들어 '췌장(膵臟, pancreas)'에는 소화효소를 만들어서 소화를 돕는 세포가 있고, 인체의 에너지원인 '당(糖)'을 조절하는 세포가 있는데, 그 하나는 혈당(血糖)을 근육세포 속으로 밀어 넣어 혈당치(血糖値)를 내려서 당뇨병 치료에 도움이 되는 '베타 세포'(β세포)이고, 그 반대로 혈당치가 너무 낮아서 근육의 에너지가 부족하면, '간'에 저장되어 있는

'당'을 피 속으로 끌어내어 혈당치를 높이는 역할을 하는 '알파 세포(α세포)'입니다. 이렇게 모든 장기를 이루는 세포들은 반드시 그 균형을 맞출 수 있게 기능항진(機能亢進, hyperfunction) 세포와 기능억제(機能抑制) 세포를 가지고 있습니다. 참으로 오묘한 전지전능하신 창조주의 사랑의 배려입니다.

일정한 생리현상을 담당한 장기의 세포 중에 어떤 세포가 그 일을 하지 못하게 되면 그것을 보충하기 위해 주위의 다른 세포가 자신이 현재까지 담당했던 생리작용을 중지하게 됩니다. 즉 지금까지 활성(活性-어떤 물질이 에너지 · 빛 · 촉매 따위에 의해 활동이 활발해지거나 반응 속도가 빨라지는 성질)화 상태로 작동하던 유전자는 '열중 쉬엇!' 하고, 지금까지는 불활성(不活性) 상태로 있던 다른 유전자가 활성으로 돌아와서 다른 임무를 수행하는 세포로 전환하여 고장난 세포의 기능을 보충한다는 사실이 현대 연구에 의해 증명되었습니다. 그 한 예로, 스위스 제네바 의대 세포생리학 교수 패브리지오 소렐(Fabrizio Thorel)[8]과 일본 나라 과학대학 교수 켄지 코노(Kenji Kohno) 등은 2010년 4월 22일자 《네이처(nature)》[9]에 발표한 논문에 "췌장에서 인슐린을 만드는 β세포는 수명이 길어서 일생 동안 거의 복제를 하지 않으나 대사적 요구가 증가하거나, 혹

---

8) Fabrizio Thorel, Conversion of adult pancreatic α-cells to β-cells after extreme β-cell loss. *Nature*, vol : 464, 2010-4-22, p.1149,
   Article: http://forcast.emailalert.jp/c/ac5sag4ssSiodvaL).
9) *Nature*, Vol 464, no :7792, p. 1149, p.1132.

은 손상(損傷) 즉 β세포가 사멸(死滅)될 경우 '글루캐곤(glucagon)'을 만드는 α세포가 자발적으로 재 프로그램을 하여 β세포로 되는 가역성(可逆性)을 나타내는 것을 관찰하였다."라고 발표하였습니다. 이와 같은 세포의 보충능력은 지난날의 의학으로서는 전혀 생각하지도 못했던 것입니다. 이와 같은 세포의 잠재능력을 '세포의 가역성(可逆性, reversibility)'이라고 합니다. 그런데 이 가역성은 물질과학적 방법으로는 전혀 성공할 수 없습니다. 사람의 경우, 세포의 가역성을 불러 오려면 창조주의 뜻에 순종할 때에만 가능합니다. 그러므로 믿음이 확실하고 그 믿음이 하나님의 마음에 합해지면 세포의 가역성을 불러와 치유도 가능하게 된다는 결론입니다.

이와 같은 세포의 가역성이 실행될 수 있는 근거는 모든 세포는 전신의 구조와 생명현상의 정보인 유전자를 간직한 염색체를 수정란에서 복제하여 받은 것이므로 그것이 어떤 기관의 세포이거나 모두 같은 염색체를 가지고 있다는 데 있습니다. 그런데 어떻게 각 세포가 특정한 기관의 작용을 운행하는 것일까요? 모든 세포의 염색체는 동일하지만, 각 세포가 담당하는 생리작용의 전문성을 담당하는 유전자만이 활성 상태로 작동하며, 나머지는 '열중 쉬엇!' 상태로 있기 때문입니다. 이 얼마나 오묘한 초능력입니까? 피조물이 아니고는 이와 같은 선택능력이 있을 수 없습니다.

앞의 논문이 증명한 바와 같이 본래의 사명 세포가 다른 사명의 세포로 전환하려면 '열중 쉬엇!' 하던 유전자가 다시 활성화하면 가능합니다. 그런데 이와 같은 세포의 변화가 왔다는 것을 세포의 주인인 자신은 전혀 느끼지도 못합니다. 믿음을 되찾고 창조주께 순종하면 체내 세포의 가역성이 발동하기 시작합니다. 누가 하는 일일까요? 이것이 바로 창조주의 사랑입니다.

생명과학자의 새로운 연구에 의해 세포가 주위환경을 감지하여 반응하면서 자신을 보존한다는 사실이 밝혀졌습니다.

"세포가 주위환경의 미세한 변화도 감지하면서 유전자 발현으로 적응하여 자신을 보호하는 기전이 어떻게 이루어지느냐는 세포 생물학이 지금까지 밝히지 못한 의문이었는데 이번 연구로 근본적인 숙제가 풀렸다."

시리오 듀퐁(Sirio Dupont, Department of Histology, Microbiology and Medical Biotechnologies, University of Padua, Italy)은 2011년 6월 9일자 《네이처》지에 자신의 최신 연구 결과를 담은 논문을 발표하여 많은 생명과학자를 놀라게 하였습니다.[10]

우리의 몸을 이루고 있는 모든 세포들이 주위환경이 변하는 것을 알아차리면서 능동적으로 대응하고 있다는 말입니다. 즉 본능적으로 행하고 있다는 말입니다. 이와 같이 우리가 건강하게 살아가려면 반드시 있어야 할 작용이 내가 알아서 행하는 것이 아니고, 나도

---

10) *Nature*, vol : 474, Issue no : 7350, p.179,
　　Article: http://forcast.emailalert.jp/c/ae7Pae5R45r9tFaX.

모르는 사이에 자동적으로 진행된다는 사실은 우리가 피조물이기에 조물주께서 우리를 보호하고 계시다는 증거가 아니고 무엇이겠습니까? 그러므로 사람은 항상 성경의 가르침대로 사는 생활을 해야만 합니다. 사람은 누구나 본능을 가지고 있으므로 거기에 성경의 가르침만 더한다면 누구나 건강하게 장수할 수 있습니다.

그러나 현대인들은 성경과 멀어진 과학만능 사회에서 태어나 병의 치료를 과학적 방법에만 의존하고 있습니다. 결국 성직자의 영성치유 사역을 체험할 기회가 없어서 성경보다는 과학을 따르다 보니, 본능이 말씀을 순종하는 미풍은 볼 수 없고, 병원과 물질적 약물 치료에만 의존하는 과학만능의 노예가 되고 말았습니다.

이렇게 과학이 증명했듯이 우리의 세포는 우리 주위의 환경을 감지(感知)하고 있으므로 우리가 어디에서 누구와 어떤 말로 무엇을 계획하고 있는지를 정확하게 분별하고 있습니다. 따라서 우리가 하는 행동이 세포에게 좋지 못한 스트레스로 작용할 수도 있고, 반대로 세포의 가역성을 유도해서 나의 건강을 증진시킬 수도 있습니다. 그러나 우리는 창조주의 뜻을 따라 성경이 가르치는 진리의 길을 따라야만 하겠습니다.

2. 창조주가 주신 '복'을 집행하는 염색체

　평균 성인의 몸은 약 60조 개의 세포로 이루어져 있습니다. 이 모든 세포는 각각 26개의 염색체를 가지고 있습니다. 한 사람의 몸속에 들어 있는 염색체의 총연장은 약 120조 미터(m)입니다. 지구와 태양의 거리는 약 1억 5천만 킬로미터(Km)이니, 한 사람의 염색체 길이는 지구와 태양을 40번 왕복할 수 있는 길이입니다. 염색체 한 개의 무게는 10조 분의 1mg입니다.

　그런데 이렇게 작고 작은 염색체 속에 A4 용지 1,000쪽의 책 1,350권의 정보가 들어 있습니다. 이와 같이 작고 작은 물체 속에 많고 많은 정보를 수록하는 기술을 우리는 '메모리 칩 기술(Memory chip technology)'이라고 합니다. 지금 삼성그룹이 이 기술로 세계를 앞서며 많은 수익을 올리고 있습니다. 그러나 아직은 우리 몸의 염색체의 능력을 따라가려면 멀고도 먼 길을 가야 합니다. 염색체는 창조주가 만드신 메모리 칩입니다. 이것이 하나님이 주신 '복'입니다. 염색체는 인간이 창조되면서부터 있었습니다. 그러니 이 한 가지만 보아도 창조주를 초능력의 소유자, 전지전능하시다고 찬송과 영광을 올리는 것이 너무나 당연하지 않습니까?

이 염색체가 사람의 설계도이며 태아는 이 선천적으로 정해진 순서로 분열 증식하면서 성장합니다. 염색체는 '뉴크레오티드(nucleotide)'라 불리는 물질이 '인산디에스테르(phosphodiester)' 결합에 의해 연결되어 있는 중합체(重合體, polymer-분자의 중합에 의하여 만들어진 화합물)로서 두 가닥이 역방향(逆方向)으로 나선구조(螺線構造, helical structure- 마치 사다리를 꼬아 놓은 것 같은 모양)를 이루며 결합되어 있습니다. 이 염색체에는 네 개의 염기(鹽基- 아데닌(Adenine), 구아닌(Guanine), 시토신(Cytosine), 티민(Thymine))로 엮인 염기서열(鹽基序列, base sequence)에 유전정보가 들어 있는 DNA가 '받침대' 위에 고정배치되어 있습니다. 이 DNA가 생명현상을 집행하고 있습니다.

그러나 세포분열(細胞分裂, cell division)을 하여 복제(複製)되는 과정에서 여러 가지 원인으로 돌연변이(突然變異, mutation)가 일어날 가능성이 높습니다. 이 변이가 즉시 교정되지 않으면 병이 발생합니다. 그렇기 때문에 조물주는 이 변이를 자가수복(自家修復-스스로 원상으로 회복)할 수 있는 '자생력 유전자(DNA repair gene)'를 주셨습니다. 이와 같은 수복장치를 DNA와 함께 주셨다는 것은 하나님의 피조물인 사람이 가볍게 창조주의 말씀에서 멀어지는 실수를 범하여 DNA를 고장 낼 수 있음을 아셨기에 한없는 용서로 우리를 보호하시는 사랑을 베푸셨습니다. 그래서 사람은 누구나 교회에 나가 생명의 식량인 설교를 받아야 하고 성경을 끊임없이 읽어야 합니다.

아득한 옛날에 성경에 기록된 하나님이 주신 '복'은 20세기에 와서 생명과학이 밝혀낸 '염색체'에 해당함을 깨달았으므로 우리 믿는 자들은 더 이상 '염색체'라 부르지 말고 성경대로 '하나님이 주신 복'이라고 불러 혼돈을 막아야 하겠습니다. 사실 생명체는 '염색체' 없이는 번성할 수 없으며, 이 염색체 속에 우리 몸에서 생명현상을 운행하고 있는 DNA가 실존하고 있습니다. 과학만을 진리로 알고 맹종하며 말씀에서 멀어지는 사람들에게 이 사실을 믿는 자들이 염색체는 피조물임을 깨우쳐야 하지 않겠습니까? 이것이 바로 우리가 전도해야 할 첫 번째 사명입니다.

21세기에 이르러 현대 과학은 생명체의 활동정보가 들어 있는 유전자를 발견했습니다. 인간 사회는 생명의 근원이 하나님께서 비롯되었음을 기록한 성경 말씀을 믿고 따르지 못하고, 과학 만능의 사회는 공적 교육으로 유전자를 단순한 물질분자라고 가르치고 있어 믿음의 가정에서 태어난 자식들도 혼돈한 세계관 앞에 방패 없이 방치되어 있는 실정입니다. 그러나 다행이도 최근에 와서 생명과학자도 이것이 피조물임을 인정하기 시작했습니다.

"너희 몸은 너희가 하나님께로부터 받은 바 너희 가운데 계신 성령의 전인 줄을 알지 못하느냐. 너희는 너희 자신의 것이 아니라 값으로 산 것이 되었으니 그런즉 너희 몸으로 하나님께 영광을 돌리라."(고전 6:19-20)

이 말씀의 뜻은 우리 몸은 앞에서 설명한 바와 같이 창조주로부터 받은 것이 확실하며, 창조주의 계획인 말씀이 암호로 염색체의 염기서열로 표현되었습니다. 그 서열에 생명을 운행하는 초능력이 함께하고 있으며, 그 무형의 '말씀'이 유형의 '육신'으로 되도록 창조주의 초능력을 성령님께서 행사하고 있습니다. 그 신성의 초능력이 살아서 움직이는 모든 세포는 수정란 염색체를 복사하여 만들어졌으니 모든 세포는 똑같은 염색체를 가지고 있습니다. 그러므로 성령님은 분명 우리 몸 세포 하나하나에서 우리의 생명을 돌보아 주심으로 우리의 몸은 '성령의 전'이라는 것이 또한 분명합니다. 이와 같이 우리의 몸은 육신과 성령이 함께하고 있어 다른 생명체와는 전혀 다른 영적 존재입니다. 신을 부인하던 과학이 드디어 하나님을 깨닫게 되었습니다. 그래서 우리는 삼위일체의 이해하기 어렵던 신앙을 감사하며 자랑스럽게 믿습니다.

3. 염색체가 육신을 만드는 과정

육신이 만들어지는 과정은 선천적으로 입력된 정보를 간직한 암수(雌雄)의 염색체가 짝짓기로 수정란 세포를 창출하여 새 생명체를 만들어 낸다는 사실을 과학은 확인했습니다. 수정난 한 개의 세포로 시작한 사람의 육신은 약 60조 개의 세포로 분열 증식하여 완성되고 있으며, 각 세포는 모두 수정난의 염색체와 동일한 염색체를 복제하여 물려받고 있습니다. 그러니 우리의 몸은 60조 개의 하나님이 주신 '복'이 살아서 활동하면서 생을 유지하고 있습니다. 이와 같은 초능력의 존재를 최신 생명과학이 증명하였으니 우리의 몸은 우리 자신의 것이 아님을 명심하고 피조물의 의무가 있음도 깨달아야 합니다.

정자와 난자가 결합하여 하나로 되는 장소는 나팔관 상단(上端)입니다. 이곳에는 수정란에 영양을 공급하는 혈관이 없으나, 수정란은 세포 분열을 계속하여 어느 정도 증식한 후에 자궁(子宮)으로 이동하여 자궁내막에 착상(着床- 수정란이 자궁벽에 붙어 모체의 영양을 흡수할 수 있는 상태가 되는 것)하여 모체로부터 영양을 공급을 받아 태아를 완성합니다. 태아의 세포는 약 40조 개로 증식하여 인간의 형태를 완성하고 아기는 이 세상으로 출생합니다.

'나'라는 사람을 구축하는 염색체는 분명히 아버지와 어머니로부터 왔습니다. 그러나 이 염색체를 아버지나 어머니가 만든 것은 아닙니다. 아버지를 탄생시킨 염색체는 할아버지와 할머니로부터 왔으며, 할아버지를 탄생하게 한 염색체는 고조할아버지와 고조할머니로부터 왔습니다. 이렇게 우리는 선조로부터 면면히 물려받는 염색체로 이어져 왔습니다. 나의 자식들은 나와 내 아내로부터 물려받은 염색체로 이 세상에 탄생했습니다. 이와 같은 유전은 본능적으로 이루어졌으므로 이런 사실은 우리가 교육을 받지 않아도 알게 되어 있습니다. 그러므로 우리는 우리의 조상을 보지도 못했지만 조상을 부인하는 사람은 아무도 없습니다. 수정란 세포 속에 있는 염색체에는 창세기 1장 28절의 성경 말씀과 같이 창조주가 그 분과 비슷한 모양으로 사람의 형태를 엮어 나갈 설계가 들어 있어 세포는 분열 증식하면서 하나님의 말씀대로 하나님을 닮은 사람의 형상을 완성합니다.

드디어 1953년에 한 생명과학자는 생명을 창출하는 염색체가 사람의 몸속에 있음을 발견하여 노벨과학상을 받았습니다. 이제 이 염색체가 사람이 만든 것이 아니고 창조주의 피조물임을 확인하기에 이르렀습니다. 유전자(遺傳子)는 염색체(染色體)에 들어 있는데 생전(生前)에 창조주께서 입력한 생명 정보와 생명체의 설계를 가지고 있습니다. 이 정보는 약 30억 개의 염기로 염기서열(鹽基序列)을 이루며, 약 4만 개의 유전자를 형성하여 염색체의 '받침대' 위에 고정 배치되어 있습니다. 이 염기서열이 상처를 입으면 자가수리(自家修理)되어 오뚝이처럼 다시 일어서서 원상으로 돌아갑니다.

4. 염색체의 최적 환경은 '에덴'이다

"여호와 하나님이 동방에 에덴의 동산을 창설하시고 그 지으신 사람을 거기 두시고"(창 2:8)

하나님께서는 인간의 시조인 아담과 하와를 에덴동산에서 살도록 하셨습니다. 인류의 시조를 에덴동산에서 살게 하신 것은 분명히 사람이 살아가기에는 대자연의 동산이 가장 좋은 곳이었으리라고 생각합니다. 최신 생명과학이 밝혀낸 과학적 증거에 의하면, 사람이 건강하게 생리작용을 운행하려면 그 사람의 유전자가 하나님이 설계하신 원형을 유지해야 하는데 그렇게 하자면 사람이 대자연과 함께하는 것이 가장 적합한 환경임을 확인했습니다.

현재 세계 인구의 반수 이상은 도시에 살고 있습니다. 세계의 모든 국가는 급속하게 도시화하고 있어 2050년에는 인구의 3분의 2가 도시에 살게 될 것으로 추정하고 있습니다. 비록 도시 생활이 다양한 장점을 가지고 있는 것은 사실이지만 한편으로 건강에 막대한 해를 끼치고 있는 것도 사실입니다. 사실 도시에 사는 사람들은 산속에서 사는 사람들보다 훨씬 더 많은 병에 시달리고 있습니다.

독일 하이델베르크 대학 플로리안 레더보르겐(Florian Lederborgen) 교수는 기능적 자기공명 장치를 이용해서 검사한 결과를 발표했습니다.

"도시에서 자라났거나 도시 생활을 하는 사람은 농촌, 또는 산에 사는 사람보다 스트레스를 대처하는 뇌의 부분이 늘 항진되어 있다. 그 결과 정신분열증, 우울증, 불안증상에 대처하는 힘이 약해져서 정신병이 많이 발생하고 있다. 또한 면역계도 약해져 정신건강에도 막대한 지장을 준다."[11]

사람은 대자연 속에서 건강할 수 있도록 창조되었음이 확실합니다. 그러므로 치유선교센터는 대자연의 산림 속에 위치함이 최적의 장소입니다. 동산의 대자연은 유전자가 가장 편하게 작동할 수 있는 환경임이 틀림없습니다. 그런데 현대 인간은 과학이라는 지식을 이용하여 하나님이 정하신 생활방식에서 떠나 쉽고 편하게 살 수 있는 환경을 사람의 뜻대로 조성하기 위해 대자연을 무참하게 파괴하였습니다. 땅은 아스팔트로 덮고, 과학지식으로 만들어 낸 시멘트와 철근으로 아파트를 건설하여 대자연과는 더욱 멀어졌습니다. 다시 말해서 인간의 과학지식은 사람으로 하여금 하나님이 정하신

---

11) Florian Lederborgen, City living and urban upbringing affect neural social stress, processing in humans, *Nature*, vol : 474, 2011-6-23, p.498.
   Abstract: http://forcast.emailalert.jp/c/afbAae5F64nOb9b5.
   Article: http://forcast.emailalert.jp/c/afbAae5F64nOb9b6.

깨끗하고 공해 없는 자연환경에서 공해 많은 환경으로 우리도 모르는 사이에 묻어 버렸습니다. 수목이 우거진 산과 들의 숲속에 들어가면 신선한 공기와 나무의 냄새를 호흡하게 됩니다. 이 공기 속에는 나뭇잎이 방출한 '피톤치드(Phytoncide)'가 가득 차 있습니다. 숲에 머무르는 시간이 흐르면 피로에 지쳤던 몸과 마음의 무거웠던 피로감은 간데없이 사라지고 경쾌한 활력을 찾게 됩니다. 이와 같은 현상을 현대 과학은 '숲에서 얻는 생체학적(生體學的) 자연치유(自然治癒)'라고 합니다.

최근 일본 게이오 대학(慶應大學) 연구팀이 밝혀낸 바에 의하면 수목의 잎이 품어내는 '피톤치드'가 인체에 들어오면 면역 세포가 암 세포를 알아볼 수 있는 능력을 주어 암의 치료에도 효과가 있다고 합니다. 본래 우리의 면역 세포는 우리 자신을 공격하지 않습니다. 암 세포는 본래 나의 세포입니다. 그러므로 암으로 변한 세포를 면역 세포가 공격하지 않으며 정상으로 돌아오기를 기다리고 있습니다.

현대 생명과학은 생명력의 원천으로 땅을 주목하기 시작했습니다. 건강에 유용한 물질을 생산하는 미생물인 방선균(放線菌, Actinomyces)이 흙 속에 살고 있기 때문입니다. 최근 방선균이 고가의 항생제 원료를 만들어 내는 과정을 국내 연구진이 세계에서 처음으로 밝혀냈습니다. 겐타마이신 합성 메커니즘을 밝혀내 피부질환 연고나 안약에는 겐타마이신(Gentamicin)이라는 항생제 성분이 들어 있습니다. 이 성분은 '마이크로 모노스포라(Micro-monospora)'라는 방선균에서 얻습니다. 당(glucose)이 이 균의 몸 속에서 여러 단계를 거치면 겐타마이신으로 바뀝니다. 이화여대 화학·나노과학과 윤여준, 박제원 교수와 선문대 송재경 교수팀은 생명공학 벤처기업 '제노텍(Genotech)'과 공동으로 마이크로 모노스포라가 겐타마이신을 합성하는 과정을 알아냈습니다. 겐타마이신을 처음 얻은 것은 1963년 다국적 제약회사 셰링의 연구팀입니다. 하지만 그 합성 과정은 수수께끼로 남아 있었습니다. 마이크로 모노스포라의 유전자를 조작하는 방법을 찾아내지 못했었습니다. 윤 교수팀은 겐타마이신 합성에 관여하는 마이크로 모노스포라의 유전자를 모두 골라냈습니다. 이들을 여러 개로 잘라 내고 블록처럼 조립한 다음 또 다른 방선균(Streptomyces)에 집어넣었습니다. 다양하게 조립된 유전자가 스트렙토마이세스(Streptomyces) 몸속에서 만들어 내는 물질을 일일이 확인하는 방법으로 겐타마이신의 합성 메커니즘을 밝혀냈습니다. 이 연구는 한국과학재단 지능형 나노바이오소재연구센터와 국가지정연구실 사업의 지원으로 이루어졌습니다. 연구 결과는 조만간 미국 국립과학원 회보(PNAS)에 실릴 예정입니다.

미국 하버드 대학 인류진화생리학 다니엘 리버만(Daniel E.

Lieberman) et al 등의 논문에 의하면, "사람은 맨발 생활이 더 건강에 유익하다."는 것을 증명하였습니다. 그 이유는 "맨발은 방선균과 접할 수 있기 때문이다."라고 설명하고 있습니다.[12] 이렇게 생명과학이 증명한 바와 같이 땅 위에 사는 생명체는 흙과 접하며, 방선균과 접하며 살아야 건강을 지킬 수 있게 창조주는 삶의 터전을 흙에 두었습니다.

이상에서 대자연과 건강의 관계를 살펴보았습니다. 이제부터 건강의 필수조건인 마음가짐에 대하여 살펴보겠습니다. 옳은 마음가짐은 옳은 믿음에서 얻어지며 옳은 생각을 떠올리게 합니다. 생각은 뇌신경을 활성화하여 '신경전달물질'을 방출하여 교감신경으로 하여금 몸의 상태를 바꾸어버립니다. 한편 생각에 따라 호르몬도 작용하여 자신을 변화합니다.

내 몸을 건강으로 이끌려면 반드시 확고한 믿음이 앞서야 합니다. 사람이 건강하게 살 수 있는 길을 성경에 명시하고 있는 구절은 출애굽기 15장 26절입니다.

"이르시되 너희가 너희 하나님 나 여호와의 말을 들어 순종하고 내가 보기에 의를 행하며 네 계명에 귀를 기울이며 내 모든 규례를 지키면 내가 애굽 사람에게 내린 모든 질병 중 하나도 너희에게 내리지 아니하리니 나는 너희를 치료하는 여호와임이라."

---

12) Daniel E. Lieberman, Foot strike patterns and collision force in habitually barefoot versus shod runners, *Nature*, vol : 464, 2010-1-28, p.531.

이 말씀은 옳은 믿음에 서 있으며 그 믿음을 실행하는 사람은 건강할 것임을 여호와가 약속하신 말씀입니다.

또 하나의 말씀은 잠언 3절 7-8절입니다.

"스스로 지혜롭게 여기지 말지어다. 여호와를 경외하며 악을 떠날지어다. 이것이 네 몸에 양약이 되어 네 골수를 윤택하게 하리라."

인간의 지식인 과학적 이론만을 자신을 보호할 수 있는 지혜로운 방패라고 착각하지 말고 여호와의 말씀인 성경을 경외하고 옳은 믿음이 서 있으면 사람의 건강은 보장한다고 말씀하셨습니다.

믿음이 병을 물리치는 실례는 예수께서 보여 주셨습니다. 4복음서에 실려 있는 수많은 치유의 은사를 베푸시고는 언제나 "네 믿음이 너를 낫게 하였느니라."라고 말씀하셨습니다. 믿음은 무엇과도 바꿀 수 없는 귀중한 보배요, 세상 모든 문제를 해결할 수 있는 열쇠입니다. 요즈음 교인 중에는 '믿는다'고 말하면서도 구원과 영생에 대한 확신이 없거나, 기도에 응답을 받지 못하는 사람들이 흔하게 눈에 뜨입니다.

"할 수 있거든이 무슨 말이냐 믿는 자에게는 능히 하지 못할 일이 없느니라."(막 9:23)

"여호와를 기뻐하라. 그가 네 마음의 소원을 이루어 주시리로다."(시 37:4)

"믿음이 없이는 하나님을 기쁘시게 못하나니"(히 11:6)

믿음이 어떻게 병을 물리칠 수 있는가를 설명하겠습니다. 하나님의 말씀을 안다는 것과 설교를 유창하게 한다는 것은 별개입니다. 말씀을 안다면 말씀대로 순종하는 행함이 따라야 합니다. 정말로 하나님이 전지전능하심을 믿는다면 질병에 걸렸을 때 어떻게 세상방법인 의학적 치료에만 의지합니까? 당연히 영성치유에 나를 맡겨야 합니다. 병든 나를 하나님께 맡길 수 있는 성경 말씀의 근거는 히브리서 11장 1절입니다.

"믿음은 바라는 것들의 실상이요 보이지 않는 것들의 증거니"

'믿음'이라는 것이 무엇이냐를 설명하고 있습니다. 인간이 바라는 것은 건강하게 주를 찬미하며 수명을 다하고 천국으로 돌아가는 것입니다. 인간을 창조하신 여호와께서 인간에게 바라는 것도 인간이 건강하고 즐겁게 주를 찬미하며 주어진 수명을 다하고 천국으로 돌아오는 것입니다. 그렇게 하려면 사람이 건강해야만 합니다. 그러므로 바라는 것은 바로 '건강'입니다. 그러므로 이 구절을 다시 말하면 "믿음은 건강의 실상(實像)이요 보이지 않는 것들의 증거니"라고도 말할 수도 있습니다. 실상은 오감(五感)에 의해 느껴질 수 있는 것을 뜻합니다. 그러나 믿음은 오감에 의해 느껴지는 물질이 아닙니다. 그러므로 믿음이 실상이라는 표현은 어딘가 자연스럽지 못하다고 느껴지지 않습니까?

한글 성경은 스코틀랜드에서 중국으로 파송된 존 로스(John Ross) 선교사가 1877년에 중국어 성경을 신학교육을 받은 바 없는 한국인 청년들을 통해 번역시켜 발간했습니다. 한글 성경을 읽을 때 가끔 그 번역이 의심스러워 원문 성경을 읽을 수 있으면 얼마나 좋을까 하는 생각을 할 때가 있습니다. 우리말 성경은 히브리어로 된 구약이나 헬라어로 된 신약을 번역한 것이 아니고 중국어 성경을 번역하다 보니 이 구절에서 '실상(實像)'이라고 번역을 했습니다. 그런데 헬라어 원문에는 'hipostasis'라고 기록되어 있는데, 이 헬라어를 우리말로 번역하면 '받침대'라는 뜻도 포함되어 있습니다. 성경을 번역할 당시에는 사람의 병이 유전자의 '받침대' 변이로 발생한다는 과학적 발병기전을 몰랐습니다. 만일 이런 사실을 알았더라면 "믿음은 바라는 것(건강)의 받침대요 보이지 않는 것(믿음)의 증거니"라고 번역했을 수도 있었을 것입니다.

사람의 건강을 관장하고 있는 유전자는 염색체의 '받침대'에 고정되어 있다는 것을 유전학은 과학적으로 증명했습니다. 받침대는 사람의 의지에 따라 작동하지 않습니다. 창조주가 입력해 놓은 그대로 작동하면서 창조주의 뜻인 건강을 유지하게 만들어져 있습니다. 그러므로 히브리서 11장 1절을 '믿음이 건강의 받침대'라고 말해도 틀리지 않다고 생각합니다. 유전자의 정상적인 활동은 받침대가 힘 있게 유전 정보의 서열인 염기서열을 유지해야만 사람의 건강은 지켜질 수 있으며, 이 활동력은 창조주를 향한 믿음에서 얻어집니다. 그러므로 이 받침대를 힘 있게 받쳐 주는 것이 바로 믿음입니다.

5. 태중에서 사람은 어떻게 빚어졌나?

정자(精子)는 아버지 고환(睾丸)의 세정관(細情管, 길이 800m)에서 하루에 1억 개가 창조되며, 난자(卵子)는 엄마의 난소(卵巢) 속에 200만 개로 출발하여 사춘기에 약 400개가 성숙하여 한 달에 한 개식 배란(排卵)이라는 과정을 거쳐 나팔관(길이 2.4cm) 상단 (上端)에서 짝짓기를 통하여 오는 정자와 결합하여 수정란(受精卵), 즉 인간이 되는 첫 번째 세포로 됩니다. 정자는 5일간, 난자는 24시간에 생명력이 끝납니다. 그러므로 생명이 주어진 시간 안에 수정 (受精- 정자와 난자가 합쳐서 새 생명체로 되는 시작 과정)을 마쳐야 합니다.

정자의 크기는 0.01m이며, 난자는 정자보다 약 5천 배가 더 큽니다. 수정 후, 4일만에 수정란은 나팔관을 빠져 나와 자궁(子宮)에 들어가 약 3일 후에 자궁내막에 착상(着床- 수정란이 자궁벽에 붙어 모체의 영양을 흡수할 수 있는 상태가 되는 것)을 합니다. 수정란 세포는 이제 태어날 새 생명체의 설계를 간직한 염색체를 가지고 있습니다. 이제부터 분열하는 세포는 모두 수정란 세포의 염색체를 복사해서 가지고 태어납니다. 그러므로 어느 세포나 다 수정란의 염색체와 동일한 염색체를 가지고 있습니다. 그래서 현대과학은 피 한 방울이나 머리카락 한 오라기만 있어도 그것이 누구의 것인지를 유전자 검사로 식별할 수 있고, 유전자는 부모로부터 물려받았으므로 유전자를 검사하여 친자관계(親子關係)를 확인할 수도 있습니다.

태생학적(胎生學的)으로 우리 몸의 어떤 기관(器管)이 가장 먼저 생겨났을까요? 심장(心臟) 세포가 수정 후 22-23일부터 생기기 시작하여 4주 후부터 혈액을 품어내기 시작합니다. 수정란이 생긴 후, 약 20일 동안은 첫 번째 생긴 수정란과 똑같은 세포가 분열(分裂) 증식(增殖)하는데, 수정 후 20-23일부터 세포는 각각 다른 임무를 가진 기관을 형성(形成)하기 위한 발전이 시작됩니다. 어떻게 똑같은 유전자를 가진 세포가 각각 다른 임무를 수행할 장기의 세포로 변신할 수 있을까요? 참으로 신묘한 태생 기전입니다. 그래서 창조주를 전지전능하시다고 말하며 절대적인 찬송과 영광을 드리는 것이 생명을 받은 우리들이 해야 할 엄숙한 임무라고 믿습니다.

첫 번째 변화로 창조되는 세포가 바로 심장세포(心臟細胞)입니다. 이렇게 특별한 임무를 가진 기관을 만들어야 할 세포가 생기는 순서는 수정란 세포의 유전자에 입력되어 있습니다. 즉 창조주가 설계하신대로 인체는 만들어집니다. 이와 같은 순서가 입력되지 않았다면 똑같은 장기가 몇 개씩이라도 생겨날 것입니다. 이런 변화가 진행되고 있지만, 잉태를 한 엄마는 아직 자기가 임신했다는 것조차 모르고 있습니다. 그러므로 어찌 심장(心臟)이 생겨나는 것을 알 수 있겠습니까? 사람의 육신은 엄마가 만들어 낸 것은 아닌 것이 확실합니다. 우리 몸에서 심장이 가장 먼저 생긴다는 것은 무엇을 말합니까? 생명이 살아서 움직이려면 심장이 가장 중요한 기관입니다. 심장이 가장 먼저 만들어지도록 한 설계는 유전자에 입력되어 있습니다. 이 엄청난 창조의 순서가 바로 전지전능하신 창조주의 사랑의 힘 그 차체임을 깨달아야 합니다. 그러므로 육신을 만든 것은 신성(神性)을 행사하는 유전자임을 확실하게 깨닫게 됩니다.

심장이 피를 품어 내려면 박동(搏動- 수축과 이완)을 해야 합니다. 이렇게 심장세포를 박동하게 하는 동력(動力)은 전기입니다. 심장박동은 심장박동 조율세포(心臟搏動調律細胞, pacemaker cell) 유전자에 1분에 몇 번을 뛰어야 하는지, 즉 몇 번 전기를 방출해야 하는지가 입력되어 있습니다. 다시 말해서 심장박동조율세포는 하나의 발전소입니다. 이 전기가 흐르는 과정을 촬영하는 것이 병원에서 심장검사를 할 때 시행하는 '심전도(心電圖, electrocardiography)'입니다. 누가 생명의 동력인 심장 박동의 횟

수를 입력(入力)했을까요? 임신한 엄마가 정했을까요? 아니면 아버지가 정했을까요? 그것은 생명을 주신 창조주께서 정하셨습니다.

심장 박동을 당신의 마음대로 빠르게 또는 느리게 할 수 있습니까? 그렇게 할 수 없다는 것은 심장은 뇌(腦)의 지배를 받지 않는다는 것을 말합니다. 뇌의 지배를 받지 않는다는 것은 다시 말해서 사람의 지배하에 있지 않다는 말입니다. 생명은 그것을 창조하신 그분의 소유이므로 그것을 움직이게 하고, 멈추게 하는 권한 또한 소유자인 창조주 그 분뿐입니다. 사실 태중에서 심장세포가 생기기 시작하고 심장이 완성될 때까지도, 아직 '뇌'라는 기관은 생기지도 않았으니까요.

태생학적으로 뇌는 임신 6개월 후부터 생기기 시작하여 생후 9개월이 되어야 대뇌피질(大腦皮質, cerebrum cortex− 큰골 겉면의 회백질 부분이며 여러 가지 정신현상이 행해지는 곳)이 생기기 시작합니다. 이때부터 의식작용(意識作用− 사물을 분별·인식하는 모든 작용)을 하게 됩니다. 남자의 뇌는 평균 1,350g이 되며, 여자의 뇌는 평균 1,250g이 됩니다. 출생 시에 약 400g이던 것이 급속하게 성장하여 1년 만에 약 두 배로 성장합니다. 4−5세가 되면 약 1,200g으로 성장하고, 10세에는 약 1,300g으로 성장하며, 20세에 완성됩니다. 뇌는 체중의 2.5%밖에 안 되는 작은 기관이지만 우리 몸 전체 혈액의 20%를 사용합니다. 그래서 1분에 800리터의 혈액이 통과해야 하며, 폐가 흡수한 '산소'의 60%를 사용합니다. 전 체중의 2.5%밖에 안 되는 뇌가 전체 혈액의 20%를 사용해야 하며, 흡입한 산소의 60%를 소모해야 한다는 숫자는 뇌가 얼마나 많은 노동을 하고 있느냐를 말합니다. 그런데 뇌는 생각하고 판단하는 작용을 할뿐이지 근육과 같은 운동 작용은 전혀 할 수 없습니다. 이와 같은 사실로 보아 정신적 작용이 얼마나 큰 비중의 에너지를 소모하는지를 쉽게 알 수 있습니다. 이제 여러분은 스트레스가 만병의 근원이 된다는 사실을 뇌가 이렇게 큰 비중의 에너지를 소모한다는 사실로 보아 마음의 불안이 병의 시작이라는 것도 쉽게 이해하게 되었으리라 믿습니다.

심장은 하루에 12만 번 수축(收縮)과 이완(弛緩)을 하여 약 2,000갤런의 피를 품어 냅니다. 1분에 70회 박동을 한다면, 70년 동안에 1억 5천만 번 박동을 합니다. 일생에 약 5천 500만 갤런의 피를 품어냅니다. 혈관의 총 연장은 약 9만Km이며, 심장에서 모세혈관(毛細血管, capillary vessel)까지의 거리는 약 15Km입니다. 모세혈관의 지름은 20/1000mm로 아주 가느다란 관입니다. 우리 몸의 전체 혈액량은 약 5리터이며, 약 25조 개의 피 세포로 이루어져 있습니다. 이 피를 돌리기 위한 통로인 혈관은 피의 흐름에 의하여 유도되는 전사인자(轉寫因子)가 혈관 형성을 촉진하고 있습니다.

수정 후 3주가 되면 심장과 혈관이 생기기 시작하고, 이어서 뇌 (腦)가 발생 기초를 마련합니다. 4주가 지나면 눈이 시작되며, 6주부터 귀, 코, 팔, 손이 생기고, 7주부터 다리가 생기기 시작하며, 11주에는 손의 모양이 완성되고, 12주부터 손의 뼈가 생기기 시작합니다. 16주가 되면 다리뼈가 연골로 시작하고, 다리의 혈관도 생깁니다. 24주가 되면 얼굴의 모양이 갖추어집니다. 25주에는 귀 바퀴가 생기고, 태아는 각 장기를 만들며 성장하는데, 출생 시의 세포 수는 약 40조 개로 증가합니다. 이 순서는 모두 수정란이 생기는 순간에 유전자에 입력되어 있습니다. 단 하나인 수정란 세포를 분열 증식하여 각 기관을 만드는 작업은 줄기세포(stem cell)가 합니다. 어머니는 자신의 의지대로 태아를 엮어내지는 못합니다.

태아가 출생하면 모든 식구가 서둘러서 신생아실을 찾습니다. 드디어 간호사가 신생아를 안고 와서 보여 줍니다.

"야, 그 놈 애비를 꼭 찍어냈네."

시어머니는 함박꽃같이 웃는 얼굴로 손자 잘난 것이 애비가 잘났기 때문이라고 은근히 자식 자랑을 늘어놓습니다. 그 말이 끝나기도 전에 친정엄마가 나섭니다.

"아이야 그 놈 눈썹은 외할아버지를 꼭 닮아서 위엄이 철철 넘쳐 흐르네, 틀림없이 위인이 될 상이야."

신생아의 의젓한 모습은 외택을 해서 그렇다는 식으로 은근히

'며느리가 훌륭한 집안에서 왔기에'라는 듯이 질세라 한마디를 합니다. 그러자 옆에 있던 친정동생이 한 술을 더 떠서 말합니다.

"엄마, 저 코 좀 봐! 언니 코처럼 오뚝하게 날이 섰어. 똑똑하게도 생겼지?"

장손의 늠름한 모습을 한없는 기쁨으로 쳐다보면서 선조에게 감사하며 행복에 젖어 있는 시어머니, 딸을 종갓집 맏 며느리로 시집보내놓고 이때나 저때나 하며 얼른 떡두꺼비 같은 외손자를 낳아주기를 기대하던 친정엄마, 모두 행복에 잠겨 잠들어 있는 어린 생명을 쳐다봅니다. 신생아가 이렇게 부모를 빼어 닮는 것은 부모의 유전자를 물려받았기 때문입니다. 이때 친할머니가 또 한 마디 합니다.

"야야! 저놈이 나를 쳐다보면서 씽긋씽긋 웃고 있네, 핏줄이 무섭긴 하구나. 저놈이 세상에 나와서 나를 보고 처음 웃었어!"

태중에서 태아가 성장하는 과정은 성경 이사야서 44장 24절에 이렇게 기록되어 있습니다.

"네 구속자요 모태에서 너를 지은 나 여호와가 이같이 말하노라. 나는 만물을 지은 여호와라. 홀로 하늘을 폈으며 나와 함께한 자 없이 땅을 펼쳤고"

그렇습니다. 태중과 에덴동산에서는 주님이 수시로 왕래하셨음을 알 수 있습니다. 태아는 태중에서 죄 없는 몸으로 주님의 말씀에 얼마나 즐거운 시간을 보냈을까요? 태아는 이 세상에 나와 아직도 이 세상 일은 아무것도 모르지만 태중의 즐거운 시간은 잊을 수 없어 웃음을 재연합니다. 이것이 '배안의 짓(Smile in the womb)' 입니다. 어린아이를 성경대로 키우느냐, 과학 지식으로 키우느냐는 사람의 일생을 완전히 바꾸어 놓습니다. 그래서 부모들은 자식을 성경대로 교육해야 합니다.

이만하면 태중에서 사람이 엮어지는 과정은 분명히 조물주의 역할이라는 사실을 인정하면서 우리가 피조물이라는 사실도 인정하게 되니 창조주의 실존을 의심할 여지가 없으며 그 창조주가 우리 몸속에 우리와 함께 계시다는 현실을 믿게 되었으리라 믿습니다.

6. 건강하려면 유전자의 원형을 간직하라

생명과 건강을 담당하는 유전자는 분명히 3차원의 물질이면서 4차원의 생명현상을 집행하는 정보가 염기서열에 입력되어 있는 피조물입니다. 염기서열은 염색체의 받침대 위에 고정되어 있습니다. 그러므로 염색체의 받침대가 힘을 잃어 느슨해지면 염기서열도 혼란을 가져오며 이어서 정보에도 혼란이 발생하여 건강 상태에 이상을 초래하게 됩니다.

우리가 살고 있는 이 세상은 인간의 지식인 과학 만능의 세상으로 변하여 사람이 살아가야 할 표준인 성경과는 멀어져 있어 유전자는 수많은 물질적·정신적 공해에 묻혀 끝없는 공격을 받고 있어 염기서열은 쉽게 헝클어지고 수많은 질병이 만연하여 병원과 영안실은 초만원 상태를 보이고 있습니다.

모든 생명체에 과해진 가장 중요한 도달 목표는 창조주가 주신 유전물질인 염색체를 손상 없이 앞 세대에서 물려받은 그대로 다음 세대에게 물려 주는 것입니다. 그렇게 하려면 염기서열인 유전자가 위치하고 있는 세포 속은 물론이고, 세포 밖의 물질적, 정신적 환경이 조물주가 마련하신 기본상태, 즉 사랑이 넘치는 자연 상태라야만 하며 창조주를 향한 믿음이 확실해야 합니다.

사람이 살아가는 생명현상이 집행되는 곳은 세포입니다. 그래서 유전자는 모든 세포 속 중심부에 자리하고 있습니다. 세포는 중력의 영향을 받지 않으며, 위아래도 없으며, 두루뭉수리입니다. 세포 속 공간에는 끊임없는 움직임이 계속되고 있습니다. 이 움직임의 동력은 0.1 볼트입니다. 이 전력은 세포 속 물질을 '나노미터(Nanometer, 10억 분지 1m)' 정도를 움직일 수 있게 하는 힘입니다. 각 세포는 세포 골격이라는 받침대 위에 정렬 배치되어 있습니다. 생명물질인 유전자도, 유전자가 운행하는 생명현상의 집행관인 세포도, 모두 받침대에 고정 배치되어 있습니다.

한 개의 세포 속에 약 200만 종의 단백질이 있으며, 그 총수는 1억 개가 넘는다고 합니다. 세포는 살아서 움직이고 있습니다. 전사인자(轉寫因子)가 끊임없이 세포가 살아서 움직이게 하는 생체분자(生體分子, organic molecule)를 엮어 내고 있습니다. 그 동력은 ATP(아데노신 3인산, adenosine triphosphate)라 부르는 화학분자에서 얻는 아주 미세한 전력입니다. 그러므로 한 사람의 몸속에서 작동하고 있는 ATP의 숫자는 천문학적인 양입니다. 세포가 살아서 생명현상을 운행하고 있는 한 순간의 ATP의 숫자는 약 10억 개로 추산하고 있습니다. 이 ATP가 세포 내의 움직임을 이끌 수 있는 시간은 약 2분 정도이며, 이 시간을 넘기면 ATP는 소멸됩니다. 세포는 한순간도 생명의 운행을 정지할 수 없습니다. 그러므로 우리의 몸은 소멸되는 ATP를 지체 없이 재생하고 있습니다. ATP를 움직이게 하는 힘은 '생체분자'입니다. 생체분자는 몸의 구조물인 신생세포의 원자재로도 되고, 우리 몸에 침입한 세균을 포함한 이물질을 제거하는 면역 역할도 하고, 세포 상호간의 신호도 주고받으면서 세포의 건강을 지키는 역할도 하며, 생리현상을 제대로 운행하는 내분비 물질인 호르몬 역할도 하고, 피의 기능을 최고의 수준으로 운행하기 위한 혈색소와 혈소판의 역할도 하면서 한 사람의 정상 생리 상태를 유지하며 사람의 건강과 천수를 지켜 갑니다. 이 모든 작용은 역시 유전자가 관장하고 있습니다. 이 모든 작용은 선천적으로 조물주가 입력하신대로 운행되고 있어서 사람들은 이와 같은 작용이 잘 진행되고 있는지 아닌지조차 느끼지도 못하며 살고 있습니다.

케임브리지 대학의 스티븐 잭슨(Stephen P. Jackson) 교수는 "세포의 유전자는 여러 가지 화학물질 등의 유독인자(有毒因子)로부터 공격을 받는 표적상태에 놓여 있음을 밝혀냈다. 이러한 물질적 공격 외에 정신상태의 불안정으로 오는 생리상태의 오작동으로 인한 손상을 받기도 한다. 손상된 유전자를 그대로 방치하면 유전자를 형성하는 염기서열이 헝클어져 질병이 발생한다. 즉 유전자가 본래의 형태를 잃고 교란상태로 되면 병이 시작된다."라고 발표했습니다.[13]

그런데 우리는 자생력 유전자를 보유하고 있어서 손상이 발생하면 즉시 자생력 유전자가 자가 수리하여 원상으로 복구되도록 조물주의 사랑을 받았습니다. 잭슨 교수는 "유전자 손상을 복구할 수 있는 방법을 밝혀냄으로써 질병관리 및 치료의 길을 밝힐 수 있을 것이다."라고 논술하면서 유전자의 손상이 병의 원인이라는 확실한 결론을 내렸습니다. 성경에는 사람이 선천적으로 주어진 건강을 유지하려면 어떻게 해야 하는지에 대해 기록되어 있습니다.

"너는 마음을 다하여 여호와를 신뢰하고 네 명철에 의지하지 말라. 너는 범사에 그를 인정하라. 그리하면 네 길을 지도하시리라. 스스로 지혜롭게 여기지 말지어다. 여호와를 경외하며 악을 떠날지어다. 이것이 네 몸의 양약이 되어 네 골수를 윤택하게 하리라." (잠 3:6-9)

이제 세포가 운행하는 생명현상은 어떤 것인지에 대하여 살펴보겠습니다. 생명현상의 특성과 실상을 요약해 보면 다음과 같습니다. 생명을 보존하려면 다음과 같은 작용이 필수적입니다. 동화작

---

13) Stephen P. Jackson, The DNA-damage respons in human biology and disease, *Nature*, vol : 461, 2009-10-22, p.1071~1077.

용(同化作用, anabolism - 생물체가 대기 속의 질소 또는 땅이나 물속의 무기 질소 화합물로 유기 질소 화합물을 만드는 작용) 또는 생합성(生合成, biosynthesis)이라고도 하는데 살아 있는 세포에서 여러 단계의 촉매작용에 의해 비교적 간단한 구조를 지닌 영양물질로부터 복잡한 분자가 합성되는 과정입니다. 이 과정으로 탄수화물, 단백질, 지질 등 세포 구성물질의 합성이 일어나서 생물이 성장합니다.

또 한편으로는 물질의 분해과정인 이화작용(異化作用, catabolism)을 하는데, 효소 촉매 반응에 의해 살아 있는 세포 속의 비교적 큰 분자가 작은 분자로 분해하여 생명을 운행하는 힘, 즉 '에너지'를 만들어 내는 과정을 말합니다. 이화작용 중에 방출되는 화학 에너지의 일부는 아데노신 3인산(adenosine tri-phosphate/ATP)과 같은 에너지가 풍부한 화합물 형태로 전환됩니다. 에너지는 3단계로 방출되는데 첫 단계는 단백질이나 다당류, 지질 같은 큰 분자들의 분해입니다. 이 과정에서 소량의 에너지는 열(칼로리)의 형태로 방출됩니다. 두 번째 단계는 작은 분자들이 산화되면서 열, 에너지 이외에 화학 에너지인 ATP를 방출하고, 아세트산염, 옥살로아세트산염, α-옥소글루타르산염 중 하나의 화합물을 만드는 단계입니다. 세 번째 단계에서 이 화합물들은 TCA회로(tri-carboxylic acid cycle)라는 순차적인 순환 반응 단계에서 이산화탄소로 산화됩니다. 이 회로에서 형성된 중간 화합물로부터 나온 수소원자와 전자는 산소로 전달되어 물을 만듭니다. 이래서 우리가 물을 마시지 않아도 음식을 섭취하면 소변이 만들어집니다. ATP를 생성하는 가장 중요한 수단인 이 과정은 산화적 인산화 반응으로 알려져 있습니다. 이 반응을 물질대사(物質代謝, metabolism) 또는 '세포호흡(細胞呼吸, cellular respiration)'이라고도 합니다.

이 외에도 호흡, 조절 등의 개체유지작용(個體維持作用 - 생명을 이어가는 기본 작용)과 생명을 연속 발전하여 종족을 유지하는 생식(生殖), 유전(遺傳), 종족유지작용(宗族維持作用)으로 구분됩니다.

생명현상의 특징은 다음과 같이 구분합니다.

1. 생물체의 주성분이자 생명현상에서 주도적 역할을 하는 생체분자를 만들어 낸다. 생체분자도 여러 가지가 있는데 그중의 하나를 때와 필요성에 맞게 만들어 낸다.
2. 쉴 새 없이 물질대사(物質代謝), 에너지 대사 등 대사 작용을 계속한다.
3. 자극을 수용하여 반응을 나타낸다.
4. 되먹임(피드백) 방식 등으로 항상성(恒常性)과 동적 평형(動的 平衡)을 유지하여 생명을 연장한다.
5. 염색체, 유전자의 자기복제(自己複製)를 하며 생식, 발생, 진화, 유전 등을 한다.

이상에서 열거한 생명현상의 생체정보가 어디에서 왔는지, 어떻게 진행되는지는 물리학적 현상(物理學的 現像) 또는 화학적 현상(化學的 現像), 즉 3차원(3次元)의 과학적 지식만으로는 완전한 설명을 할 수가 없습니다. 현재 생명과학은 이 부분을 밝히기 위해 많은 연구를 계속하고 있으며 수많은 논문들이 발표되고 있습니다. 새로운 논문마다 이것이 사람이 만든 것은 아니라는 사실을 인정하여 생명은 피조물임을 확인하게 됩니다. 그래서 현대 생명과학은 드디어 창조주를 만났다고 평가를 받아 유물론적 과학이 유신론으로 돌아오는 시작이라고 말하고 있습니다.

생명현상을 현대 생명과학만으로는 설명할 수 없는 까닭은 다음과 같은 사실이 존재하기 때문입니다.

1. 생명현상은 항상 능동적(能動的)이어서 한 순간도 같은 자리에 머물러 있지 않는다. 유전자의 변이는 자가수리(自家修理)하는 수복성(修復性)이 있다. 이와 같은 작용이 진행되고 있는 사람은 이런 현상을 자기 스스로 전혀 느낄 수 없다. 다시 말해서 이 작용은 사람 자신의 의지에 의해 행해지는 것이 아니라는 말이다. 생리상태와 병리상태는 항상 교차할 수 있으므로 한 순간의 소견이 그 사람의 운명을 결정지을 수 없다는 말이다. 어떤 순간의 병리검사의 수치가 계속해서 그 수준을 유지하지 못하고 변동하고 있어서 어떤 한 순간의 검사가 그 혼

자의 예후를 정확히 판정할 수 있는 기준은 아니다.

2. 생명현상은 미분방정식(微分方程式)으로도 기술할 수 없는 애매성(曖昧性)이 있다.

3. 생체정보는 분석하기가 거의 불가능하다. 왜냐하면 살아서 움직이는 생명체는 항상 변화무쌍하기 때문이다. 생명체는 고유(固有)의 리듬을 가지고 주기적 변화(1日週期, 槪日週期)가 있다. 그러나 어느 특정한 시간에 채취한 정보가 전체 정보를 나타낼 수는 없다. 사람은 마음가짐과 생각에 따라 생체를 운행하는 에너지인 전파는 변화무쌍한 주파의 변화로 나타나고, 그 변화는 항상 다른 신경전도물질을 방출하며, 생리현상 또한 달라지기 때문이다.

4. 생명현상을 집행하는 정보가 담겨 있는 유전자는 염기서열을 이루며 염색체의 받침대에 고정되어 있다. 이 받침대는 그 사람의 창조주를 향한 믿음의 정도에 따라 변화무쌍하다.

세포핵 속에 위치하는 유전자는 갑자기 날아오는 세포 안의 입자(粒子)에 의하여 매초간에 수십억 번의 손상을 입습니다. 이 손상은 즉시 자생력 유전자에 의하여 교정이 됩니다. 세포 안의 입자는 단백질입니다. 이 단백질을 '생체분자(生體分子, biomolecule)'라고 부릅니다.

생체분자는 우리가 섭취한 음식물을 위가 잘게 분쇄하여 장에서 소화효소의 작용을 거쳐 간으로 보내지면 간은 이들을 구성분자 수준으로 분해하여 세포로 수송하고 세포 속의 전사인자는 이들을 다시 엮어서 당장 우리 몸에 필요한 생체분자로 만듭니다. 이 과정이 정확하게 집행되려면 염기서열이 확실한 제 자리에 있어야 합니다. 만일 받침대가 힘을 잃고 흔들리면 염기서열의 순서가 교란되어 그 순서가 흐트러져 잘못된 단백질이 만들어집니다. 이렇게 만들어진 비정상적 단백질을 '발병분자(發病分子)'라고 부르며, 이것이 병을 유도합니다.

사람의 염색체에는 약 30억 개의 염기가 약 4만 개의 유전자를 형성하면서 생명정보를 간직하고 있습니다. 세포가 살아서 생명현상을 유지하는 원동력은 생체분자입니다. 이 생체분자는 우리들이 섭취한 음식에서 얻는 구성단위인 원소를 유전자인 전사인자가 엮어냅니다. 우리가 먹는 음식이 세포 속으로 들어가 우리의 몸을 움직이게 하는 힘이 되는 것이 아니고, 우리의 몸을 만드는 것도 아니라는 것을 현대 생명과학이 밝혀냈습니다.

전사인자가 생체분자를 만들어 내는 과정은 참으로 오묘합니다. 세포 속에서 단백질을 생산하는 과정은 리보핵산(RNA-Ribo Nucleic Acid)에 의해 진행됩니다. 전자현미경을 이용하면 이 과정을 눈으로 볼 수 있습니다. 이 관찰에서 놀라운 사실을 깨닫게 됩니다, mRNA(신호운반 유전자)가 DNA에서 유전정보를 복사해 내는 과정에는 '폴리머라아제(polymerase, RNA 형성 촉매효소)'라는 중합효소가 관여하는데, 이 효소는 스탠포드 대학 로저 콘버그(Roger Konberg) 교수가 발견하여 노벨상을 받았으며, 그 논문은 미국의 저명한 과학지 《사이언스(Science)》지에 발표하여 다음과 같이 설명했습니다.

"RNA 폴리머라아제는 유전자로부터 단백질을 생성하는 과정에 관여하는 첫 번째 효소물질이다. 이 효소는 유전자를 함유한 DNA의 특정 영역을 복사해서 전령 mRNA(전령 RNA)로 전달하는 역할을 담당한다. 일단 유전자가 전령 RNA로 복사되면 이를 토대로 단백질이 생성된다. 이 과정은 흔히 전사(transcription)란 이름으로 불리기도 한다. 폴리머라아제 효소는 세포 내에서 형성-재형성 과정을 끊임없이 반복하는 동적 단백질 복합체(dynamic protein complexes)의 특징을 보였다. 이 같은 성질은 이 효소가 안정된 구조를 유지하고 있다는 기존의 가설을 정면으로 뒤집는 것이다. 효소의 재형성 과정은 하나의 유전자를 해독할 때마다 반복되는 것으로 확인되었다. DNA에 함유된 유전자 복제의 경우, 특정 환경 조건에서 일부 유전자만이 복사되는데, 이와 같은 선택 과정을 결정하는 인자가 바로 RNA 폴리머라아제이다."[14]

세포의 생명력을 행사하는 단백질-생체분자를 생산할 때, 먼저 이중 나선으로 꼬여 있는 유전자(DNA)를 두 줄로 벌려 놓으면 그 한 줄에 고정되어 있는 정보인 염기서열을 복사하기 시작할 때에만

14) 《Science》, 298권, 1623~162p, 2000. 11. 22.

폴리머라아제는 나타납니다. 이 작업이 시작되기 전에는 전자현미경의 시야에 전혀 보이지 않았었는데, DNA가 두 가닥으로 벌어지기 시작하면 전자현미경의 시야에는 없었던 폴리머라아제가 떠올라 이 유전정보를 복사해서 mRNA에게 전하고 나면 이 효소는 다시 전자현미경의 시야에서 사라져 버립니다. 시야에 나타났다는 것은 그것이 물질이라는 사실을 말해 줍니다. 물질이 아닌 것은 현미경 시야에 나타날 수 없습니다. 이와 같은 현상은 4차원의 정보가 3차원의 물질로 변하여 물질 작업을 수행하고 다시 4차원으로 돌아간다는 사실을 의미합니다.

현대 생명과학은 이렇게 만들어진 생체분자가 살아서 움직이는 과정을 전자현미경을 이용하여 눈으로 볼 수 있게 만들었습니다. 2008년 1월 22일 일본 국립유전학연구소 발표에 의하면 국립유전학연구소장 코하라 유지(小原 雄治), 이화학연구소 이사 노요리 료우지(野依 良治), 에너지연구소 이사 무라타 세이지(村田 成二) 등 세 사람은 공동연구를 하여 움직이는 생체분자를 살아 있는 세포에서 선명하게 관찰할 수 있는 형광(螢光) 현미경법을 개발하여 분자생물학계(分子生物學界)에 획기적인 발전의 문을 열었습니다.

2010년 4월 15일자 《네이처》지에 미국 스탠포드 대학의 우에무라(S. Uemura) 교수는 ZMWs(zero-mode waveguides) 검출장치를 이용하여 리보솜(ribosome)이 유전자의 암호를 번역할 때, 형광색소 분자표식으로 tRNA(운반 RNA)가 운반해 온 암호를 안전하게 결합하면 mRNA가 염기배열을 검출하여 그 결과로 암호의 번역이 가능하다는 것을 밝혀냈다고 발표했습니다. 현대 생명과학은 사람의 의지로 움직일 수 없는 창조주가 입력한 초능력이 어떻게 진행되는가를 밝혔으니 참으로 기가 막힌 사실을 알아냈습니다.[15]

이때부터 유물론적 과학이 창조주를 만났다고 말하기 시작했습니다. 사실 얼마 전까지만 해도 우리는 세포 속에서 이와 같은 움직임이 자신도 모르게 진행되고 있다는 것은 상상도 못하였습니다. 이 작용이 바로 우리가 먹은 음식이 소화 작용을 거쳐 세포 속으로 보내졌을 때 그 원료를 가지고 우리 몸에 필요한 무엇인가를 만들어 내는 과정입니다. 이 사실을 모르던 과거에는 영양가가 많은 균형 잡힌 음식만 먹으면 자신의 건강은 지켜질 것으로 생각했습니다. 그러나 아무리 영양가가 높은 음식을 섭취해도 그 음식을 구성하는 분자의 해석을 담당하는 유전자가 제대로 활동을 하지 못하면 먹은 음식의 영양은 자신의 것이 되지 못합니다.

독일의 생화학 연구자인 니엘스 피셔(Niels Fischer)는 리보솜의 움직임에 관한 구조생물학적인 발견을 발표하면서 다음과 같이 논술하고 있습니다.

"리보솜에서 아미노산을 엮어 단백질을 만들어 낼 때, tRNA(운

---

15) S. Uemura, Real-time tRNA transit on single translating ribosomes at codon resolution, *Nature*, vol:464, 2010-4-15, p.987.

반RNA)는 리보솜의 A. P 그리고 E부위를 차례로 움직여 가서 tRNA와 결합하는 아미노산을 쌓고 있는 '펩티드(peptide)' 사슬을 옮겨 준다."[16]

이런 발견 역시 몸의 동화작용을 하는 유전자가 활성상태에 있어야 섭취한 음식이 몸의 한 부분으로 동화할 수 있다는 것을 증명했습니다. 이와 같은 현상 역시 조물주에게 순종하는 생활을 할 때, 그 동화를 진행하는 유전자가 활성을 얻는다는 사실을 말해 주고 있습니다. 이와 같은 오묘한 합성작용이 한 치의 오차도 없이 진행되는 것은 그 입력된 정보가 사람의 능력을 초월한 전지전능하신 조물주의 작품임을 깨닫게 합니다.

이상과 같이 좋은 음식을 먹고 우리의 유전자가 제대로 작동하여 훌륭한 생체분자를 만들어 피(혈액)에 실려 온 몸의 장기(臟器, 오장육부)에 보내지더라도 그 생체분자가 장기의 세포막을 통과하여 세포 속으로 들어가지 못한다면 우리 몸에는 아무런 득이 될 수 없습니다.

미국 존스 홉킨스 대학의 피터 아그레(Peter Agre) 교수와 록펠러 대학의 로드리크 매키넌(Roderick MacKinnon) 교수는 사람의 세포막에 주화성(走化性, Chemotaxis) 수용체(受容體, Receptor)

---

16) Niels Fischer, Ribosome dynamics and tRNA movement by time-resolved electron cryomicroscopy, *Nature*, vol:466, 2010-7-15, p.329.

가 있어 이 수용체가 우리가 섭취한 음식의 성분 중에 우리에게 필요한 성분만을 골라서 세포막을 통과시켜 받아들인다는 사실을 밝혀 노벨과학상을 받았습니다. 주행성이라 함은 생물이 특정한 화학 물질의 농도에 반응하여 이동시키는 성질을 말하며, 주화성 수용체는 우리의 세포막에 자리하고 있어 혈액을 타고 실려 오는 영양 물질 성분 및 화학 물질 성분을 선택적으로 내 몸이 지금 필요로 하는가, 아닌가에 의해 선별하여 세포막을 통과시켜 세포 속으로 들여보내는 기능을 합니다. 그러므로 우리가 섭취한 영양분이 소화를 거친 후에 피를 타고 전신의 세포로 보내지지만 세포막의 수용체가 받아들이지 못한다면 아무런 득이 없다는 것을 알아야 합니다. 이 수용체도 유전자의 하나이기 때문에 나의 마음가짐이 매우 중요하다는 것을 잊어서는 안 됩니다.

이렇게 만들어진 생체분자(단백질)에 의해 우리의 세포는 생명을 유지합니다. 이 모든 작용을 우리 자신은 알지도 못하며 느끼지도 못합니다. 전적으로 창조주께서 입력하신대로 운행되고 있습니다. 우리의 건강은 우리 자신이 운영하는 것이 아니고 창조주께서 유전자 속에 입력하신 정보대로 운행되고 있습니다. 그러므로 사람의 건강은 사람이 얼마나 창조주의 말씀에 순종하느냐에 따라 결정됩니다.

우리가 여호와께 순종하면 건강은 자동적으로 내게 찾아온다는 성경 구절 하나를 상기하고 넘어가겠습니다. 바로 신약성경에 있는 빌립보서인데 이 글은 바울이 AD 96년경, 감옥에서 빌립보 신자에게 보낸 서신입니다. 그 서신의 4장 6-7절입니다.

"아무것도 염려하지 말고 오직 모든 일에 기도와 간구로 너희 구할 것을 감사함으로 하나님께 아뢰라. 그리하면 모든 지각에 뛰어난 하나님의 평강이 그리스도 예수 안에서 너희 마음과 생각을 지키시리라."

현대 생명과학은 지금까지의 의학이 전혀 몰랐던 또 하나의 놀라운 사실을 발견했습니다. 그것은 정상 세포가 어떠한 이유에서라도 정상기능을 잃고 잘못되었다가도 세포가 정상 운행을 할 수 있는 최적 환경인 말씀, 즉 성경에 순종하는 상태로 회복하면 그 비정상화했던 세포가 다시 정상으로 돌아올 수 있다는 세포의 가역성(可逆性, Reversibility)을 증명했습니다. 이렇게 될 수 있다는 것을 현대 의학은 전혀 모르고 현재에 이르렀습니다.

제네바 의과대학 세포생리학 파브리지오 토렐(Fabrizio Thorel) 교수가 세포의 가역성을 세포 실험으로 증명한 논문을 발표했습니다.[17]

이렇게 우리가 창조주의 말씀에 순종하는 생활을 하면 건강이 보장된다는 과학적인 증명이 성경의 말씀이 진실임을 말해 주고 있습

---

17) Fabrizio Thorel, Conversion of adult pancreatic α-cells to β-cells after extreme β-cell loss, Nature, vol:464, 2010-4-22, p.1149.

니다.

우리나라에서 말기 암환자로서 국립암센터 담당의로부터 더 이상 현대 의학의 암 치료로는 회복이 불가능하니 퇴원하여 안정을 취하라고 병원을 떠나보낸 환자들 중에 산속으로 들어가 모든 것을 잊고 지낸 사람이 건강을 되찾은 환자가 있었습니다. 그 환자가 국립암센터에서 담당의로부터 다시 검진을 받았더니 뜻밖에도 암이 없어졌다는 진단을 받았습니다.

이 사례는 KBS-TV 다큐멘터리 "생로병사의 비밀" 시간에 방영되기도 했습니다. 이런 환자들은 퇴원 후에 어떤 항암약도 투여하지 않았을 뿐만 아니라 암 세포를 떼어내는 수술도 받지 않았습니다. 그런데 퇴원할 때 촬영한 영상에는 암 덩어리가 있었는데, 다시 와서 찍은 영상에는 암 덩어리는 없고 정상 조직만 보였습니다. 다시 말해서 암 세포가 모두 정상 세포로 돌아왔습니다. 이런 놀라운 세포의 가역성은 전혀 사람의 의지에 의하여 진행된 결과는 아님이 확실합니다. 사람의 세포가 말씀에서 비롯한 것이니 가역성도 말씀이 그렇게 될 수 있게 선천적으로 설계하셨기 때문에 가능한 것입니다.

제 3장
믿음과 치유는 수레바퀴와 같다

1. 인류의 병은 누가 치유를 시작했나?

　인류가 병과 싸워온 역사의 기록은 정확하지 않습니다. 그러나 유전학을 알게 되면서 병은 유전자의 변이로부터 발생한다는 과학적인 사실이 증명되고 보니, 병은 인류의 시조(始祖)로부터 현재까지 항상 함께 했으리라고 생각할 수 있습니다. 왜냐하면 유전자 없이는 어떠한 생명체도 생겨날 수 없음은 확실하며, 사람은 어느 시대의 누구나 빠짐없이 유전자의 변이가 발생하였으리라 생각해서입니다.

　역사상 치유사역을 설명한 기록 중의 하나는 성경을 들 수 있습니다. 예수가 이 세상에 와서 3년여에 걸쳐 이루신 사역은 마태복음 4장 23-24절에 다음과 같이 기록되어 있습니다,

　"예수께서 온 갈릴리에 두루 다니사 그들의 회당에서 가르치시며 천국 복음을 전파하시며 백성 중의 모든 병과 모든 약한 것을 고치시니 그의 소문이 온 수리아에 퍼진지라. 사람들이 모든 앓는 자 곧

각종 병에 걸려서 고통당하는 자, 귀신들린 자, 간질 하는 자, 중풍 병자들을 데려오니 저희를 고치시더라."

이것은 곧 예수께서 치유사역을 많이 하셨음을 보여 줍니다. 또 마태복음 9장 35절에는 다음과 같이 기록되어 있습니다.

"예수께서 모든 도시와 마을에 두루 다니사 그들의 회당에서 가르치시며, 천국 복음을 전파하시며, 모든 병과 모든 약한 것을 고치시니라."

예수님께서는 가르치시고(teaching), 복음을 전파하시고(preaching), 치유(healing)하셨습니다.

예수님이 행하신 이적(異蹟)과 기사(奇事)가 4복음서에 실린 것을 세어 보면 모두 35가지입니다. 그중 치유사역을 행하신 것은 26가지로 전체의 74%입니다. 예수님은 전지전능하신 분이십니다. 그분은 스스로 십자가에서 죽으심으로 인류를 구속해야 한다는 사명과 장사한지 3일 만에 다시 살아나신다는 것을 제자들에게 말씀하셨습니다. 앞으로 일어날 모든 것을 아시고 계셨음에도 불구하고 치유사역에 중점을 두셨다는 것은 전혀 우연의 결과가 아니라는 사실을 알 수 있습니다. 그 짧은 기간에 왜 이렇게 많은 비중을 치유사역에 두셨을까요?

치유사역은 단순히 병을 낫게 하는 행위가 아니라 믿음으로 하나님께 의지하면 그 응답을 받아 병이 치유되는 것을 몸소 체험하게 해 줍니다. 즉 믿음이란 무엇인가를 확실하게 깨닫게 하는 귀중한 은사입니다. 그러므로 치유사역이야말로 그 어떤 설교나 가르침보다도 설명이나 비유조차 필요 없는 확실하게 믿음을 확립하는 지름길입니다. 많은 사람들이 질병 중에 세상지식으로 치유될 수 있는 모든 길을 찾아 우왕좌왕합니다. 그러다가 진리의 말씀에서 멀어졌던 어리석은 자기자신을 깨닫고 하나님 앞으로 성큼 다가서서 치유받는 기쁨을 체험하는 믿음의 증거가 바로 치유사역입니다.

믿음에 관한 성경 구절은 한 없이 많으나 다음 구절만은 꼭 읽어보시기 바랍니다.

믿음을 얻는 방법: 롬 10:17, 요 14:6, 롬 1:16
믿음으로 받는 은혜와 축복: 히 11:6, 갈 3:26, 엡 1:13, 2:8
믿음의 대상 그리스도: 히 12:2, 고전 1:18, 요 11:25
믿음은 예수 그리스도만 의지: 고전 15:31, 빌 3:8, 고후 13:5
믿음은 예수를 믿고 실천하는 것: 약 2:17,22,26, 마 7:21,24
믿음은 예수께 모든 것을 바치는 것: 고전 15:31, 롬 14:7-8, 갈 2:20, 빌 1:20-21

사람은 내 힘으로는 어찌할 수 없는 어려움에 닥쳐 보아야 비로소 초능력의 존재를 깨닫게 됩니다. 좋은 환경에 태어나서 풍족한 환경에서 자라난 사람은 보이지 않는 세상사의 어두운 그림자를 알 수 없습니다. 사람이 견뎌내기 어려운 환경을 체험한다는 것은 참으로 축복입니다. 세상의 바닥을 헤매다가 그 지옥에서 벗어나 보아야 천국이 있다는 것에 눈을 뜨게 됩니다.

사람은 유전자(창 1:28)로 생명과 건강을 운행하게 창조되었으며, 그 유전자가 헝클어지면 건강을 잃게 됩니다. 그러나 창조주는 유전자의 변이가 발생하면 그것을 즉시 원상으로 회복할 수 있는 자생력(Human DNA Repair Gene)을 함께 주셨습니다. 유전자는 창조주가 주신 '복'이므로 창조주의 말씀에서 힘을 얻어 활동합니다. 유전자는 마음이 안정을 잃거나 생활환경이 창조주가 마련하신 기준을 벗어나면(이와 같은 상태를 '스트레스'라 칭함), 다시 말해서 믿음에서 멀어진 생활을 하면, 마음은 창조주와 멀어지는 삶을 슬퍼하며 안정을 잃게 되고 유전자에는 변이(變異)가 생겨 병을 얻게 됩니다. 마음이 안정 상태를 되찾으면 유전자는 원형(原型)으로 돌아와 건강을 유지할 수 있게 됩니다.

세월이 흐르면서 세상지식이 발전하고 사람은 번성하게 되었습니다. 사람들이 당장에 편리한 세상 지식에 의존하여 말씀에서 멀어지면서 유전자는 힘을 잃었고 자생력은 제구실을 못하게 되었습니다. 사람들이 생명의 길을 떠나 죽음의 길로 들어서는 것을 방치할 수가 없어서 예수님께서 이 세상에 오셔서 자생력의 활성을 높이는 믿음이 기적 같이 병을 물리치는 받침대임을 눈으로 보고 체험하게 하여 사람들이 믿음의 생활로 돌아갈 수 있게 본을 보이셨습니다.

예수님은 이 세상에 오셔서 사람들이 병고를 물리칠 수 있는 방법을 몸소 실행하시면서 제자들에게 가르치셨습니다.

"그런즉 누구든지 그리스도 안에 있으면 새로운 피조물이라. 이전 것은 지나갔으니 보라 새것이 되었도다."(고후 5:17)

예수를 믿고 의지하면, 정상 생리 상태를 유지할 수 없게 헝클어졌던 유전자도 다시 원형으로 돌아와 새 것이 되어 병에서 해방되게 된다는 뜻입니다. 이 신성(神性)의 초능력을 제자들에게 보여 주시고 이와 같은 이적을 제자들이 행할 수 있는 권능을 주셨고 말씀하셨습니다.

"예수께서 그 열 두 제자를 부르사 더러운 귀신을 쫓아내며 모든 병과 모든 약한 것을 고치시는 권능을 주시니라."(마 10:1)

"병든 자를 고치며 죽은 자를 살리며 나병환자를 깨끗하게 하며 귀신을 쫓아내되 너희가 거저 받았으니 거저 주라."(마 10:8)

제자들은(현대의 성직자도) 누구나 치유의 권능을 행사할 의무를 지녔으며, 치유사역은 대가(代價)를 바라지 않아야 하므로 이때부터 치유의 사역을 인술(仁術)이라 부르게 되었습니다. 인술을 시행하는 사람을 '의사 선생님'이라고 존대해 왔습니다. 현대에 와서는 의료업자로 전락하였으며 종교기관도 의료업을 운영하고 있는 실태입니다.

2. 예수 승천 후 치유사역으로 사명을 다한 성인들

3세기 말과 4세기 초에 걸쳐 크리스천 의사로서 교회의 지도자가 된 인물에는 예루살렘 북서쪽 150km지점에 위치한 팔레스타인 해안도시인 가이사랴(Caesarea)에 살던 감독(bishop)이며 당시의 성서 해석가로서 『교회사』를 발간한 유세비오스(Eusebios)가 있습니다. 유세비오스는 크리스천 의사인 데오도토스(Theodotos- 로마 제국 소아시아의 감독이면서 의사)가 영적, 육적인 병을 믿음으로 치유한 예들 들어 찬사를 아끼지 않았음을 알 수 있습니다.

또 한 사람은 로마에서 수학하고 히브리 원어 성경을 라틴어로 번역한 성서주해학자이며 수도사였던 제롬(St. Jerome, 347~420)입니다. 이 사람은 과식과 과음, 그리고 육식을 금하여야 건강할 수 있다고 권고하면서 목회자는 반드시 병자를 방문하는 것이 임무라고 역설하며 치유사역은 주님의 명이라고 주창했습니다. 후일 이 이론을 따라 실행에 옮긴 것이 현재의 뉴스타트(New

Start) 운동이며 치유선교운동입니다.

또 한 사람은 초대교회의 의학의 성인으로 추대 받고 있는 코스마스와 다미안(Cosmas and Damian)의 쌍둥이입니다. 이들의 생일은 알 수 없으나 이들이 순교한 해는 A.D. 303년입니다. 이들은 현재의 터키 남부 아나톨리아(Anatolia) 근방인 실리시아(Cilicia)에서 태어나 시리아에서 의학을 공부하고 다시 고향으로 돌아와 예수의 가르침대로 돈을 받지 않고 환자를 치료하면서 진정한 신앙이 병을 낫게 한다고 설명하다가 체포되어 불 속에 던져도 죽지 않았으며 물속에 던져도 죽지 않아서 결국 참수하였다고 전해지고 있습니다.

또 예수의 치유사역을 충실하게 시행한 초대교회 지도자인 블라시우스(St. Blasius. ?~A.D.316)는 소아시아 카파도시아(Cappadocia) 출신으로 교회의 감독을 지내면서 일찍이 철학을 공부하다 깨달음을 얻고 의사가 되어 육체의 치료만으로는 병을 치유할 수 없다고 주장하면서 영혼을 치료해야겠다고 결심했습니다. 그는 헌신적인 치료를 수행하면서 교회에 공헌하여 아르메니아(Armenia)의 감독(bishop)이 되었습니다. 그의 치료에는 많은 기적이 일어나 많은 추종을 받았습니다. 그러나 그는 후에 성직자의 치유사역이 금지되면서 체포되어 313년에 순교하였습니다.

또 한 사람은 마태복음 10장 8절의 말씀을 충실하게 순종하여 인술을 베푼 의사였던 제노비우스(Zenobius)입니다. 이 사람은 실리시아의 에기스라는 도시의 부유한 가정 출신으로 부모로부터 물려받은 재산을 가난한 사람들과 자선기관에 나누어 주고 많은 환자를 무료로 치료해 주었습니다. 이로 인해 대단한 추앙을 받아 285년부터 305년까지 재위한 로마 제국 황제 디오클레티아누스(Diocletian, 245~316)로부터 시실리아의 감독으로 임명받고 의사와 목회자로 충성을 다한 분입니다.

또 한 분은 성 어거스틴(St. Augustine, 354~430)입니다. 이분은 초대 그리스도교의 위대한 사상가로 그 유명한 저서 『고백록(Confessions)』을 낸 로마 히포의 감독이었습니다. 이 분은 처음에는 그리스도인들이 치유의 은사를 받으러 성직자를 찾는 것에 부정적인 견해를 가졌으나, 말년인 424년에 치유의 기적을 직접 목격하고는 여생을 영성치유로 많은 기적을 나타냈습니다. 성 어거스틴의 시신을 안장한 성당이 로마 근처에 있습니다. 이 성당에 세계 여러 나라에서 불치병으로 고생하는 병자들이 찾아와 성 어거스틴의 관에 손을 얹고 기도하여 병을 고치고 돌아갔다고 하여 지금도 많은 병자들이 찾아오고 있습니다. 저도 그 성당을 방문하여 이런 관경을 직접 목격하였습니다.

3. 교회와 멀어져 버린 치유사역

　예수님이 승천하신 후, 제자들은 예수님이 가르쳐 주신 대로 많은 환자들을 낫게 하였습니다. 세월이 흐르면서 후계 성직자들도 사도들에게서 배운 대로 치유사역은 이어져 갔습니다. 이 소문은 점점 넓게 퍼져 드디어 로마 황제가 이 사실을 알게 되었습니다. 로마 황제는 이와 같은 민중의 집결현상을 없애 버려야겠다고 생각했습니다.

　313년에 로마제국은 다시 통일되었습니다. 기독교 신앙을 공인한 콘스탄티누스(F. V. Constantinus) 황제는 당시 동로마 제국의 수도였으며 현재는 터키의 수도인 이스탄불의 옛 이름인 콘스탄티노플(Constantinople)과 에베소 등에 병원을 설립하고 병자들은 성직자를 찾지 말고 병원을 찾으라고 권장하기 시작했습니다.

　역사의 기록을 보면 6세기와 7세기를 거치면서 서구사회는 더욱 암흑사회화했으며 교회도 퇴보하여 많은 문제점을 나타내기 시작했습니다. 예수님이 남기신 치유사역은 점점 더 빛을 잃어갔으며 많은 병자들은 치유될 수 있는 곳을 찾아 헤매기 시작했습니다. 병자들은 초대교회의 지하묘지인 카타콤(Catacombae)에 들어가 기도하고, 제단에서 탄 등잔 기름 또는 성인들의 시체에서 나온 유품들을 지니고 있으면 병이 낫는다고 믿었습니다. 더러는 서유럽 수도원 운동의 시조(始祖)이자 위대한 지도자였던 프랑스 골(Gaul) 수도원의 대부(代父)이자 수호성인(守護聖人, patron saint)으로 알려졌던 성 마르탱(St. Martin of Tours)의 교회당 안에 있는 제단의 난간에 머리를 짓누르면 두통이 낫는다든지, 그 성당에서 썼던 촛대에 흘러내린 촛농이나, 성 마르탱의 묘지의 흙을 물에 타 먹으면 복통이 멎는다고 믿었습니다. 이렇듯 예수님의 치유사역은 엉뚱하게 변모되어 사람들의 믿음을 옳게 인도하지 못하고 교회는 타락하기 시작했습니다.

세월이 흐를수록 교회의 지도체제의 문란과 비행은 더욱 심해져서 규탄의 음성이 드높아져 갔습니다. 12세기와 13세기에 이르러 그리스도교의 교의를 학문적으로 체계화하는데 철학을 도입하기 시작했습니다. 특히 서유럽 기독교 국가를 대부분 정복하여 통일을 이룬 카롤링 왕조(Carolingian)의 프랑크 왕국(Franks)의 국왕이 었던 샤를마뉴 대제(Charlemagne, 742~814, 교황 레오 Ⅲ세로부터 황제로 대관되어 찰스 Ⅰ세라고 불리었다.)가 주창한 스콜라 철학이 14세기까지 전 신학원에서 명성을 떨쳤으나 14세기를 끝으로 몰락하기 시작했습니다. 그 이유는 말씀보다 철학을 우위에 두고 철학에 맞추어 말씀을 풀이해야 잘하는 것으로 평가하였기 때문입니다. 사실 우리나라에서도 1970년도까지만 해도 설교할 때 유명한 철학자의 이름을 먼저 말하고, "그분은 이렇게 말씀했습니다."를 앞세우고 성경을 적용시키면서 설교하는 성직자를 유능한 설교자라고 했었습니다.

교황청은 드디어 종교와 의학을 분리하기 시작하여 1130년부터 1163년 사이에 일곱 차례에 걸쳐 칙령을 발표했습니다. 그 주된 내용은 수도승을 비롯한 성직자들이 영리를 목적으로 의학이나 법학을 공부할 수 없다는 내용입니다. 그 중에 유명한 것은 1163년 토스캐니(Tuscany) 출신으로 1159년부터 1181년까지 교황으로 재위하면서 신성로마제국 프리드리히(Friedrich) Ⅰ세와 잉글랜드 헨리 Ⅱ세의 도전을 물리치고 강력한 교황권을 확립한 알렉산더 Ⅲ세가 "교회는 피를 보는 것을 싫어한다."라는 선언을 한 투르 회의(Councils of Tours)에서 발한 칙령입니다.

"이제부터 영적인 사람들은 이 세상일에 휩쓸려 들어서는 안 된다. 영혼에 관련되는 일은 하지 않고 밖의 일을 하게 되는 관계로 이에 법령을 내리노니, 어느 누구도 이제부터 의학, 의술 또는 세속적인 법률학을 공부할 수 없다. 만일 교회를 떠나 공부하러 가는 경우, 두 달 안에 수도원으로 돌아오지 않으면 교회에서 출소된 것으로 간주하고 청문회를 요구할 수가 없다. 수도원으로 돌아온다고 해도 성가대의 마지막 대열에 서야 하고, 총회나 위원회의 말석에 앉고, 숙소에 가더라도 가장 끝자리에 위치해야 하며, 교황의 특별 사면이 없는 한, 진급의 가망은 전혀 없다."

또 하나의 유명한 칙령은 교황 이노센트(Innocent) Ⅲ세 (1161~1216)가 교황재위 기간 중 1215년에 로마의 라테란 대성당에서 많은 주교들과 왕후도 참석한 자리에서 성지회복을 위한 십자군 원정을 명령한 라테란 공의회(Lateran Council)에서 내린 칙령입니다.

"사제(priest)나 부제(deacon) 또는 차부제(sub-deacon) 등 성직자들은 태우거나 자르는 행위를 포함하는 외과 시술을 할 수 없다."

이 칙령에서는 의사가 환자를 왕진하러 갈 때는 신부(神父)와 동행하라고 권했습니다. 그 이유는 환자의 영성이 회복되어야 육신의 치료가 효과를 얻을 수 있다고 판단해서였습니다.[18]

이러한 일련의 법령들은 1차적으로는 교회 고위직에 적용된 사례였지만 2차적으로는 종교와 의학의 세속화에 크나 큰 영향을 미쳤습니다. 그리고 세월이 흐르면서 의학은 성직자의 손에서 과학자의 손으로 넘어갔습니다. 12세기부터 심화된 교회의 이원적분립(二元的分立)과 예수의 치유신학에 대한 그릇된 해석은 오히려 의학이

---

18) 『두뇌 프라이밍』, 배성호, 두레시대, p.55~57.

하나의 과학으로 자리를 잡는데 도움을 주었습니다. 결국 사람들로 하여금 병의 원인과 하나님과는 전혀 상관관계가 없는 것으로 생각하게 만들었습니다. 이와 같은 결과는 과학만이 세상의 모든 것을 판단하는 유일한 학문이라고 추앙하기 시작하여 오늘의 과학만능 사회가 형성되었습니다.

14세기를 넘어서면서부터 의학과 의술은 세속적인 직종이 되어 버렸습니다. 환자에 대한 주도권은 완전히 세속화되어 조직력과 행정체계도 정부 조직으로 일원화되어 예수님이 열두 제자들에게 위임한 "거저 받았으니 거저 주어라"라고 하신 말씀으로 비롯한 치유의 은사인 '인술'은 간 데 없이 사라지고 현 사회에는 의료업자만 남았습니다.

16세기에 들어서 자연계의 약초만을 이용하던 의학이 근대 해부학의 창시자 안드레아스 베살리우스(Andreas Vesalius)가 1543년에 발표한 저서 『인체해부에 대하여 (De humani corporis fabrica libri septem)』를 통하여 의학 근대화의 새로운 장이 열렸고, 데카르트(Ren Descartes)의 이원론(二元論)이 득세하면서 정신의 치료와 육체의 치료는 완전히 분리되었습니다. 이 철학은 '종교철학'으로 받아 들여져 의학은 종교에서 더욱 멀어졌습니다. 17세기에 이르러 윌리엄 하비(William Harvey)가 심장·혈관의 생리에 대해 연구하여 심장의 박동을 원동력으로 하여 혈액이 순환된다고 주장하여 더욱 과학으로 기울어졌습니다.

18세기로 넘어가 1761년 조반니 모르가니(Giovanni Battista Morgagni)가 '인체해부학'을 연구한 저서 『해부로 인하여 검색된 질병의 위치와 원인에 관하여』를 발표하면서 물질과학은 더욱 자리를 굳혔습니다. 에드워드 제너(Edward Jenner)는 1796년 천연두를 예방할 수 있는 종두법(種痘法)을 발명했습니다.

19세기에 들어서 근대 병리학의 창시자 루돌프 피르호(Rudolf Carl Virchow)는 세포에 이상이 생기는 것을 병이라 칭하고, 1856년 '세포병리학(cytopathology)'이라는 학문을 정립하여 모든 의료인들은 세포의 병리상태를 증명하고 치료하는데 정진했습니다. 세포병리학의 발전은 세포를 병들게 하는 세균의 박멸방법을 찾다가 드디어 로베르트 코흐(Robert Koch)가 1876년 탄저병과 결핵 콜레라가 각기 균의 작용으로 발생되는 전염병임을 밝혀내 세균학(細菌學, bacteriology)을 정립했습니다.

20세기에 들어서 지그문트 프로이드(Sigmund Freud)가 정신분석학의 치료이론을 확립하면서 의학은 결정적으로 물질과학으로 기울어졌습니다. 이어서 드디어 1929년 알렉산더 플레밍(Alexander Fleming)은 항생물질인 '페니실린(penicillin)'을 발명해 세균과의 싸움에서 완전히 승리를 거두었다고 환호를 올렸습니다. 예수께서 본을 보이신 믿음으로 이루어지는 영성치유보다는 물질과학의 현대 의학 치료가 발전하기 시작했던 것입니다.

4. 현대인은 왜 더욱 많은 병에 시달릴까?

    1953년 제임스 왓슨(James Dewey Watson)과 프랜시스 크릭 (Francis Harry Compton Crick)이 DNA를 발견하여 생명(受胎) 이 어떻게 싹트는가를 알게 되었습니다. 1998년에는 미국에서 수 정란(授精卵) 세포를 복제 증식하여 사람의 구조를 완성하는 줄기 세포의 존재를 발견하였으며, 2001년에는 사람의 유전자가 고장을 일으켰을 때에는 그 고장을 자가수리(自家修理)하는 자생력 유전자 (DNA Repair Genes)의 존재가 확인되었습니다.[19] 이와 같은 신비 한 초능력은 피조물임을 확인하기에 이르러 드디어 과학은 조물주 의 존재를 부인할 수 없게 되었습니다.

    이상과 같은 오묘한 작동을 하는 유전자가 우리 세포를 운행하 고 있고, 생활환경과 치료의학, 예방의학이 극도로 발달하였음에도 불구하고 왜 현대인들이 오히려 암을 비롯하여 여러 가지의 새로운

---

19) 2001. 2. 16. *Science*, Vol;291, page 1284-1289, Human DNA Repair Genes.

전염병과 난치병에 더 시달리게 되었는지에 대해 생각하기 시작했습니다. 현대인들이 옛 사람들과 달라진 점을 알려면 사람이 원래 어떻게 창조되었는가를 알아야 비교해 볼 수 있습니다. 먼저 창세기를 살펴보겠습니다.

창세기는 누가 기록하였으며, 그 과학적 신빙성은 얼마나 가치가 있을까요? 나는 신학자가 아니므로 내가 즐겨 찾았던 창세기 강해에 가장 권위자로 성경학계가 인정하는 거성 신학자 카일 에이츠(Kyle M. Yates, Sr. Th.D., Ph.D., Professor of old Testament, Baylor University, Waco, Tex.)의 창세기 해석을 소개하겠습니다. 그는 이렇게 말했습니다.

"창세기(Genesis)라는 단어는 헬라어 단어가 라틴어를 거쳐 영어로 들어온 것입니다. 『70인 성경』에서 이 단어는 성경의 첫 번째 책에 대한 표제(表題)가 되었으며, 이 단어의 뜻은 '시초', '근원' 혹은 '생겨남'이라고 말합니다. 히브리어 성경의 명칭 '브레쉬트'는 히브리어 성경, 창세기 본문에 처음으로 시작되는 단어를 그대로 사용한 것으로서 이를 번역하면 '태초'입니다. 이 단어는 창세기의 의도를 분명히 밝히기 위해 빈번하게 사용되고 있습니다.

창세기는 오경(Pentateuch) 중의 첫 번째 책으로서 모세가 쓴 것으로 믿어지며, 모세는 '애굽 사람의 학술'을 다 배웠으므로(행 7:22), 유용한 기록과 서판들, 그리고 구전(口傳) 설화들을 이해할 수 있도록 하나님의 섭리를 따라 준비되어 있었습니다. 시내산에서 충분한 시간을 두고 하나님과 교통할 수 있는 비상한 특권을 허용받은 선지자로서 모세는 모든 시대에 걸쳐서 행하시는 하나님의 사역을 모든 사람들에게 정확하게 기록해 보여 줄 수 있도록 잘 훈련받았습니다. 역사상 어느 누구도 그와 같은 능력과 신앙을 소유할 수 없었고 여호와와 친밀한 교재를 나눌 수 없었다고 단언할 수 있습니다.

현대에 접어들면서 아마르나 서신(Amarna Letters), 우가리트(Ugaritic), 라스 샤므라의 문학작품(Ras Shamara Literature)들, 그리고 메소포타미아 지방의 마리(Mari)와 누지(Nuzu)의 토판(土版)들이 발견되었습니다. 이에 따라 학자들은 성경기록의 역사와 문화적 배경들을 재구성할 수 있게 되었습니다. 이만하면 창세기의 기록이 얼마나 신빙성이 있느냐를 이해할 수 있으리라 믿습니다.

이제부터는 현대 과학자들이 천지창조의 과정을 어떻게 이해하고 있는가를 살펴보겠습니다. 스티븐 와인버그(Steven Winberg), 셸돈 글라샤우 (Shaldon Glashaw), 아브더스 살람 (Abdus Salam), 이 세 학자는 150억 년 전에 대폭발로 우주가 만들어졌다는 빅뱅학설(Big Bang! Grand unification theories)로 천지 창조 과정을 설명하여 1978년에 노벨 물리학상을 수상하였습니다. 이들의 설명에 따르면, '빅뱅' 대폭발의 순간, 즉 창조의 시작 순간, 암

흑과 고요에서 폭발을 하는 순간에 빛이 터져 나왔습니다. 이 순간 -1의 전하를 가진 '전자'가 탄생하였다고 설명하고 있는데, 창세기에는 "빛이 있으라 하심에 빛이 있었고"(창 1:3)라고 기록되어 있습니다. 빛은 전자이며 에너지입니다. '빛이 있으라' 하심에 빛의 구성요소인 전자가 탄생했음은 너무나 당연한 과정입니다. 과학자들은 이어서 '쿼크(quark)'가 탄생하였는데, 이 과정은 두 개의 'UP 쿼크'와 한 개의 'DOWN 쿼크'가 '양성자(陽性子, proton)'를 만들었고, 한편 두 개의 'DOWN 쿼크'와 한 개의 'UP 쿼크'가 '중성자(中性子, neutron)'를 만들어 냈으며, 양성자와 중성자를 '전자(電子, electron)'가 묶어 '원자(原子, atom)'가 만들어졌고, 이 원자가 3차원의 물질을 형성하는 '원소(元素, element)'를 만들어 물질인 이 세상이 형성되었다고 설명했습니다. 그러나 이와 같은 천지창조의 과정 순서, 특히 원자가 형성되는 순서는 누가 만들었는지에 대해서는 설명할 수가 없었습니다.

우리 눈에 보이는 모든 물질은 예외 없이 원자로 이루어져 있습니다. 원자는 양자와 중성자로 구성된 핵(核, nucleus)을 중심으로 전자가 돌고 있는 단위입니다. 원자가 생기고 약 10억 년이 흐른 뒤 은하계가 형성되었고, 그리고 또 약 10억 년이 흐른 뒤 모든 물질의 기본을 이룬 탄소(C), 질소(N), 산소(O), 인(P)이 탄생했으며, 우주 속에 가장 많은 수소는 산소와 결합하여 물이 탄생되었다고 설명하고 있습니다. 우주 형성 초기로부터 현재의 우리에 이르기까지 우주를 형성하는 '원자의 화학 공유결합(化學 共有結合)의 원리(原理)'는 창조가 시작되기 전에 이미 결정되어 있었다는 것을 알 수 있습니다. 그 원리는 창조 전으로부터 현재까지 전혀 변함이 없음을 알 수 있습니다. 만일에 이 화학 공유결합의 원칙이 천지창조의 시작인 수십억 년 전부터 지금까지에 변동이 있었다면 현재의 지구가 같은 형태를 유지할 수는 없었을 것이며, 자연계의 생물체도 모두 변했을 것입니다. 그리고 이 세상은 형태를 잃고 원자 상태로 돌아갔을 것입니다. 다시 말해서 현재의 세상을 보면 이 세상이 만들어진 근원에는 원칙이 존재했으며, 그 원칙은 지금도 변함이 없다는 것을 분명하게 알 수 있습니다. 즉 창조주는 세상의 시작부터 현재까지 아니 영원무궁토록 계시리라는 사실은 의심할 여지가 없습니다.

21세기에 와서 알기 시작한 유전학은 생명의 기원은 창조에 있다는 것을 깨닫게 되었습니다. 생명의 기원이 창세기의 기록과 같다는 사실로 보아 창세기는 과학의 영역을 훨씬 초월한 중요한 문제들을 다루고 있음을 이해할 수 있습니다. 창세기의 기자는 우리로 하여금 영원하신 하나님과 교류할 수 있도록 애쓰고 있으며, 그의 존재와 그의 목적과 그리고 그가 기록하신 의지를 따라 수행하시는 바 그의 피조물들을 향한 하나님의 태도에 관한 거룩한 의미를 드려내 보이려고 성령께서 인도하시는 대로 기록했을 것입니다. 창세기는 그 심오함과 도덕적 우월성, 그 고상함과 장엄함에 있어서 너무나도 탁월한 것이기 때문에 하나님의 사랑을 받는 피조물들이 생존하고, 성장하며, 하나님의 영광을 드러낼 수 있도록 적합한 환경을 예비하고 계시는 영원하신 하나님의 모습을 그려 보이고 있습니다. 그러므로 창세기를 제대로 이해하지 못하면 왜 사람이 건강하게 살 수 있게 창조되었는지를 알 수 없습니다.

"하나님이 지으신 그 모든 것을 보시니 보시기에 심히 좋았더라. 저녁이 되고 아침이 되니 이는 여섯 째 날이니라."(창 1:31)

이렇게 생명체를 위하여 완전하게 창조된 지구가 인간의 지식인 유물론적 세계관에 의하여 원상을 잃고 변하기 시작했습니다. 생명의 터전인 지구는 창조주가 생명체를 위하여 창조한 아름다움을 잃기 시작했습니다. 이처럼 현저한 변화가 모든 사람에게 감지되기 시작한 것은 19세기부터였습니다. 그래서 유전자의 환경이 악화되었으며 창조주의 보살핌에서 멀어졌습니다. 20세기부터 다음과 같은 끔찍한 변화들이 이어서 나타나며 생명체를 위협하기 시작했습니다.

2002년 4월《네이처》지에는 프랑스 파리의 지구과학연구소 구띠에르 롤리 박사가 남아프리카 아래쪽 외핵(外核)의 한 지점에서 지자기(地磁氣)가 지구의 다른 부분과 정반대의 방향을 가리키고 있는 이상현상(異常現象)을 발견했다고 발표하여 지구 자체의 변화가 시작되었음을 인식하기 시작했습니다. 이어서 2003년 1월 《네이처》지에는 덴마크 지구과학연구센터의 닐스 올센 박사는 지구의 핵(核)에 거대한 변화가 일고 있다고 발표하면서 만약 외핵의 운동이 급격히 요동칠 경우에 자기장의 북극(北極)과 남극(南極)이 순식간에 바뀔 수 있어 엄청난 재앙이 닥칠 수 있다고 경고하였습니다. 이어서 2004년 1월 8일자 《네이처》지에는 영국 리즈대학 크리스 토마스(Chris Thomas) 박사가 지구상의 동식물이 2050년까지 약 18~35% 멸종하리라고 경고하였으며, 유엔환경계획 사무총장은 세상을 이대로 방치해서는 안 된다고 유엔 총회에서 호소했습니다. 이어 2005년 5월 《동아일보》가 발행하고 있는 《과학 동아》 4월 15일자에는 영국 일간지 《가디언(The Guardian)》지가 예고한 향후 70년 내에 일어날 수 있는 지구의 변화를 다음과 같이 예고하였습니다.

1. 기후변화: 21세기 말까지 온실가스 양이 두 배로 늘고, 세계 평균 기온이 2℃ 상승할 것으로 전망.
2. 초대형 화산 폭발: 5만 년에 한 번씩 일어나는 초대형 화산 폭발이 일어날 것으로 예상.
3. 바이러스 만연: 현재 가장 심각한 바이러스 위협은 조류독감이다. 야생 박쥐의 코로나 바이러스(Corona Virus)는 '사스(SARS)'라는 급성호흡기증후군을 일으켰으며, 철새의 H5N1

바이러스는 조류독감을 유행시켰다. 최근에 와서 우리나라에는 소, 돼지 등 가축류에 전염병이 만연하여 엄청난 피해를 보았다.

4. 소행성 또는 혜성의 충돌: 70년 안에 일어날 가능성이 있다고 예언하고 있다.

2005년 11월 17일자 《네이처》지에는 "지구의 계속적인 온난화가 인류의 유병률(有病率)과 사망률을 상승시키고 있다"고 밝혔으며, 2007년 3월 8일자 《네이처》지에는 "지구는 종말을 향해 달리고 있다(To ends of the Earth)"는 내용의 경고의 논문이 실렸습니다. 2007년 10월 27일 《조선일보》 A2면에는 "지구상에 여섯 번째 대멸종(大滅種)이 진행되고 있다"고 경고했습니다.

2007년 10월 26일자 《네이처》지에는 유엔환경계획(UNEP)이 "1990부터 1997년 사이에 600만 헥타르(hr)의 열대우림이 없어졌으며, 세계의 습지의 1/2이 사라졌다. 또한 생명이 살아갈 수 있게 하는 기본 터전인 태양과 지구 모두에게 크나큰 변화가 일어나고 있다"고 발표했는데 예상된 변화를 요약해 보면 다음과 같습니다.

1. 태양의 흑점(Black Hall)에 변화가 있어 크고 작은 폭발이 일어나고 있다.

2. 지구의 자기권(磁氣圈)에 감지할 수 있는 변화가 오고 있다.

3. 지진, 폭우, 폭설, 돌풍, 해수면의 온도 상승이 현저하게 변화
   되었다.
4. 북극의 빙산이 현저하게 녹아내려서 수면상승과 해류변동을
   가져왔다.
5. 상층권의 오존 농도가 희박해져서 자외선이 지구로 과도하게
   들어오고 있다.
6. 공기 중의 산소의 농도가 사람이 느낄 수 없을 정도로 떨어지
   고 있다.
7. 지구상의 모든 물이 오염되었다.
8. 지구상의 농토가 거의 산성화 되었다.
9. 사람의 식량이 되는 농산물의 씨앗이 유전공학으로 창조주가
   만드신 원형에서 변화하고 있다.

2009년부터 생명을 위협하는 모든 변화가 연속적으로 일어나고
있고, 해마다 그 강도를 더하고 있습니다. 이와 같은 일련의 변화는
유전자의 변화를 초래하여 병이 만연하는 결과를 가져왔습니다. 그
런데 이 변화가 모두 자연적인 변화가 아니라 인위적이라는데 문제
의 심각성이 있습니다. 이상에서 설명한 바와 같이 창조주가 천지
를 창조하시고, 그 분이 보시기에도 아름답다고 감탄하셨던 대자연
을 사람의 '똑똑이'가 모든 것을 변화시켜 버렸습니다. 물론 사람들
을 편하게 만든다고 한 일이었습니다. 그러나 세월이 흘러 시간이

경과하다 보니, 예상치 못했던 공해가 생명체의 건강을 위협하게 되었습니다. 그 정도가 돌이킬 수 없을 만큼 심각해졌습니다. 이제라도 이와 같은 잘못을 수정하여 아름다운 대자연으로 돌아가려면 성경의 가르침을 따르는 길밖에 없습니다.

성경을 제대로 이해하려면, 창세기에 기록된 그 어떤 말 한 마디도 탁월하고 장엄한 하나님의 깊은 뜻이 들어 있다는 것을 이해해야 합니다. 그 중에서도 사람이 꼭 이해하고 넘어가야 할 대목은 바로 창세기 1장 26-28절입니다. 이 엄청나게 중요한 대목을 유물론적 과학지식으로 세상만사를 판단하는 현대 사람이 이해하기가 쉽지 않습니다. 21세기에 처음으로 밝혀진 유전자에 신비한 초능력이 선천적으로 입력되어 있는 '염기서열'과 '생체 분자'를 만들어 내는 '전사인자'와 그 작업을 유도하는 효소 '폴리머라아제'의 4차원과 3차원을 넘나드는 과학으로도 설명이 불가능한 생명현상이 우리 세포 속에서 진행되고 있습니다. 그러나 사람들이 그와 같은 사실을 전혀 느끼지도 못하면서 현대에 이르렀다는 엄연한 사실을 깨닫고, 지난날의 과학이 '진리'가 아니었으므로 "진리가 너희를 자유하게 하리라"라고 하신 성경 말씀을 따르는 세계관의 혁명적 전환이 필요합니다. 유전학은 과학이 4차원의 세계를 들여다보는 길을 열었습니다. 아니 과학이 이 신묘한 길을 연 것이 아니라, 하나님께서 열어 보여 주시기 시작했습니다. 성경에는 창세로부터의 감추었던 비밀을 밝히시겠다는 하나님의 말씀들이 예언되어 있습니다.

"내가 너를 모태에 짓기 전에 너를 알았고 네가 배에서 나오기 전에 너를 성별하였고 너를 여러 나라의 선지자로 세웠노라 하시기로"(렘 1:5)

"그런즉 그들을 두려워하지 말라. 감추인 것이 드러나지 않을 것이 없고 숨은 것이 알려지지 않을 것이 없느니라."(마 10:26)

"예수께서 이 모든 것을 무리에게 비유로 말씀하시고 비유가 아니면 아무 것도 말씀하지 아니하셨으니 이는 선지자를 통하여 말씀하신 바 내가 입을 열어 비유로 말하고 창세부터 감추인 것을 드러내리라 함을 이루려 함이라."(마 13:34-35)

"숨은 것이 장차 드러나지 아니할 것이 없고 감추인 것이 장차 알려지고 나타나지 않을 것이 없느니라."(눅 8:17)

"말씀이 육신이 되어 우리 가운데 거하시매 우리가 그의 영광을 보니 아버지의 독생자의 영광이요 은혜와 진리가 충만하더라."(요 1:14)

"이는 하나님을 알 만한 것이 그들 속에 보임이라. 하나님께서 이를 그들에게 보이셨느니라."(롬 1:19)

"너희는 이 세대를 본받지 말고 오직 마음을 새롭게 함으로 변화를 받아 하나님의 선하시고 기뻐하시고 온전하신 뜻이 무엇인지 분별하도록 하라."(롬 12:2)

"오직 은밀한 가운데 있는 하나님의 지혜를 말하는 것으로서 곧

감추어졌던 것인데 하나님이 우리의 영광을 위하여 만세 전에 미리 정하신 것이라."(고전 2:7)

"너희 몸은 너희가 하나님께로부터 받은 바 너희 가운데 계신 성령의 전인줄을 알지 못하느냐 너희는 너희 자신의 것이 아니라"(고전 6:19)

"영원부터 만물을 창조하신 하나님 속에 감추어졌던 비밀의 경륜이 어떠한 것을 드러내게 하려 하심이라. 이는 이제 교회로 말미암아 하늘에 있는 통치자들과 권세들에게 하나님의 각종 지혜를 알게 하려 하심이니"(엡 3:9-10)

1953년 왓슨과 크릭이 사람의 세포 속에 사람의 설계도가 들어 있음을 밝혀내고 노벨과학상을 받았으며, 이것을 '유전자'라 부르기 시작하였습니다. '유전자'라 이름을 붙인 이유는 사람은 누구나 이 세상에 태어날 때, 즉 나 자신을 창출할 수정란이 형성될 때부터 유전자는 있었기에 나는 내 선대(先代)로부터 나의 설계도면을 물려받음으로 유전되어 왔으므로 유전자라 부르게 되었습니다. 사실 나나, 내 부모나, 내 조부모도 예외 없이 선대로부터 염색체를 유전받고 있으며, 이 염색체 속에 그 생명체를 살려 나갈 유전자들이 들어 있습니다. 그리고 이 유전자는 사람이 자신이 원하는 대로 움직일 수 없으며, 사람을 창조하신 창조주의 뜻에 의하여 작동하고 있습니다. 그러니 이 유전자는 처음 창조 받은 초대 인간으로부터 현

대의 나에게까지 면면히 유전되고 있습니다. 이것으로써 사람은 피
조물이며 창조주가 계시다는 창조론을 긍정적으로 받아들이게 되
었습니다.

유전자는 성경이 밝히고 있듯이 창조주가 인류에게 주신 '복'으로
서 하나님을 닮게 인류를 창조하는 신성(神性)과 초능력을 지닌 정
보(4차원)를 네 개의 염기로 이루어진 '염기서열' (3차원)의 복합(複
合)물질로 이루어졌으며, 이중나선구조의 '받침대'에 고정되어 있습
니다. 사람이 창조주의 뜻을 거역하지 않는 한 완전무결하게 생명
체의 건강과 수명을 지켜주면서 인류의 후손(後孫)을 번성하게 하
는 장치입니다. 2003년 유전자 발견 50주년을 맞아 열렸던 유전학
자 회의에서 이 유전자를 'The Eternal Molecule', 즉 '하나님이 내
리신 영원불멸의 분자'라고 불렀습니다. 유전자를 발견하고 반세기
사이에 유전자 연구로 노벨과학상을 받은 학자가 45명이 됩니다.
이 한 가지 사실만 보아도 유전자가 얼마나 인류에게 소중한 것인
가를 알 수 있습니다. 사람의 건강을 책임지는 의학은 유전학을 도
입하지 않으면 존립의 가치가 없다고 말할 만큼 유전자는 건강과
직결되고 있습니다. 유전자 발견 50주년 학술대회는 다음과 같은
결론을 발표하며 의료과학의 앞날을 예고했습니다.

"반세기 전에 발견된 이중나선구조의 과학이 여태까지는 별로 현
대 의학에 큰 변화를 가져오지 못했다. 그러나 향후 50년 사이에는
크나큰 변화를 가져 올 것이다. 의학은 완전히 변모한 의료가 진행

될 것이며, 의사는 새로운 수련을 받아야 하며, 새로운 지식의 잠재 혜택은 많은 환자를 해방할 것이다."

의학계는 이 예고대로 의료혁명이 진행 중입니다. 많은 유전자 치료가 개발되어 수많은 환자에게 회생의 희망을 열었습니다. 이 학술대회에 이어 미국 캘리포니아의 부호인 엘리 보드(Eli Broad)는 매년 1억 달러를 하버드 대학과 MIT에 제공하면서 유전학을 의학에 도입하는 작업을 후원하고 있습니다.

현대인은 과학만능주의에 빠져 '똑똑이'의 발달과 더불어 자신도 모르는 사이에 창조주와 멀어지면서 유전자는 힘을 잃어가고 있습니다. 사람이 태중에서 인간의 형태를 갖추어 나가던 발생 성장기에는 '똑똑이(腦)'는 존재하지 않았습니다. 인체의 발생 성장은 전적으로 유전자의 설계대로 엮어져 나갑니다. 사람의 모든 구조와 기능은 선천적으로 조물주께서 입력한 유전자에 의해 집행되고 있습니다. 그러므로 사람의 근본은 창조주께 있으며, 그 번성 또한 창조주가 내리신 '복'인 염색체를 통하여 실행되고 있습니다. 이 작용은 뇌에 속해 있는 것은 아닙니다. 뇌는 후천적으로 이 세상에 와서 받은 교육과 경험에 의해 축적된 지식으로 매사를 판단합니다. 그러니 선천적으로 창조주께서 받은 생명의 지식은 뇌의 식별, 판단 행위에는 동참되지 않습니다.

'똑똑이(腦)'는 내 생각의 사령부입니다. 나 자신의 생각이란 전혀 관계함이 없어도 새 생명체의 발생 성장의 순서에는 추호의 착오도 없이 창조주가 입력한 대로 유전자의 설계대로 차곡차곡 성장하여 새로운 한 사람을 만들어 냅니다. 다시 말해서 유전자는 똑똑이의 간섭이 없어야 더욱 더 정확하게 창조주의 뜻에 따라 일을 해낼 수 있음을 알 수 있습니다. 태아는 출생 후 상당한 시간이 흘러야 뇌가 완성합니다. 이 기간의 생명체는 어머니의 보호 아래 안전을 유지합니다. 뇌는 이 세상의 환경과 사물을 관찰하면서 사람의 생각과 판단력을 쌓아 올리는 정보의 저장 창고일 뿐입니다. 그리고 그 판단력으로 사람의 생각을 이끌어 나갑니다. 똑똑이는 3차원의 이 세상일만을 판단할 수 있지, 4차원의 저 세상 일은 전혀 모릅니다. 그러므로 똑똑이는 3차원의 이 세상일에만 몰두합니다. 그러므로 우리가 어렸을 때 주일학교에서 성경교육을 받았느냐, 받지 않았느냐는 그 사람의 일생에 크나큰 차이를 만들게 됩니다.

인류의 시조 아담과 하와의 '똑똑이'도 눈에 보이는 유혹을 못 이겨 여호와의 명을 어겼습니다. 여호와의 인도하심에 따라 모세의 도움으로 애굽의 노예생활에서 벗어난 이스라엘 사람들도 모세가 시내산으로 여호와의 부르심을 받아 자기들 곁을 떠나 있는 그 짧은 시간에도 '똑똑이'는 금송아지를 만들어 놓고 자기들을 보호해 줄 것을 기원했습니다. 소돔과 고모라 사람들도 '똑똑이'로 인해 여호와를 거역했습니다. 노아가 미친 사람 같이 방주를 만들며 여호와의 명을 따랐던 그 시대의 사람들도 모두 '똑똑'하여 이 세상사에만 몰두하고, 여호와의 나라에는 눈이 어두워 여호와를 떠나 결국에 홍수 심판을 받았습니다.

구약시대에만 그랬던 것이 아니고 신약시대에도 마찬가지였다는 것을 성경을 통해 알 수 있습니다. 어두워져 가는 이 세상을 구원하시려 오셨던 예수님도 안타까워 하셨습니다.

"주께서 이르시되 이 백성이 입으로는 나를 가까이 하며 입술로는 나를 공경하나 그들의 마음은 내게서 멀리 떠났나니 그들이 나를 경외함은 사람의 계명으로 가르침을 받았을 뿐이라."(사 29:13)

"나더러 주여 주여 하는 자마다 천국에 들어갈 것이 아니요, 다만 하늘에 계신 내 아버지의 뜻대로 행하는 자라야 들어가리라."(마 7:21)

현대사회로 이어지면서 '똑똑이'에 쌓인 과학지식이 사람의 가치를 판단하는 기준으로 되어 너도 나도 모두 박사학위를 얻으려고 자신의 모든 노력을 바치고 있어 성경과는 더욱 더욱 멀어지는 세상이 되어 버렸으며, 종교계에도 많은 변화가 일어났습니다.

그 첫째는 예수님이 명하신 치유사역이 교회를 떠나게 되었습니다. 이것은 분명 예수님의 말씀을 거역하는 행위라고 지탄을 받을 일입니다. 1996년 7월 재미교포 의사 배성호 씨의 저서 『두뇌 프라이밍』에 보면, "1130년부터 1163년까지 일곱 차례에 걸쳐 성직자는 치유에서 손을 떼라는 교황의 칙령이 내려졌다. 공통된 내용은 수도승을 비롯한 성직자들은 영리의 목적으로 법학과 의학을 공부할 수 없다는 내용으로 치유사역에서 손을 떼도록 강요받았다."는 것입니다.

로마 황제는 병원을 설립하여 환자는 병원에 가서 치유를 받도록 제도화 하였습니다. 이 결과는 그때까지는 병들면 당연히 성직자를 찾아 신묘한 치유의 은사를 받아왔는데, 교황의 명으로 성직자가 아닌 의사의 치유를 받게 되었으므로 그 결과 치유는 하나님과는 관계없는 수술이나 약물, 즉 물질만으로 치유가 된다는 인식이 퍼지게 되어 사람들은 병들면 의사와 약을 찾게 일반화되었습니다. 다시 말해서 창조주의 능력보다 물질의 혜택에 대가를 치르는 풍토가 형성되어 현재는 종교단체도 영리 목적의 의료업을 공공연하게 영위하고 있는 실정입니다. 주님은 이와 같은 현실을 어떻게 보고 계실까요? 양의 탈을 쓴 이리의 동화가 생각이 납니다.

현대인의 유전자가 힘을 잃어가는 현상은 모두 우리 자신의 탓입니다. 현대의 과학교육과 현대병원 시설은 과학적으로 평가할 때, 참으로 거족의 발전을 하였습니다. 일반 가정 주거환경 및 식품의 청정도는 나무랄 곳이 없고, 사람들은 예방접종 시기에는 약이 모자랄 정도로 철저하게 예방접종을 받고 있습니다. 그러므로 분명히 환자의 수는 줄어들어야 말이 맞습니다. 그런데 현실을 전혀 다릅니다. 병원마다 환자는 의사들이 감당하기 어려울 만치 밀려들어 마치 시골 장날 같은 풍경이며, 환자는 의사와 충분한 대화를 할 수 없는 상태이며, 영안실은 초만원입니다. 의학교육, 병원 시설, 의사 수, 모두 부족함이 없는데 어째서 환자는 더 많아졌으며, 소위 불치병과 성인병이 어린아이들에게까지 만연하고 있습니다. 분명히 어딘가에 눈에는 보이지 않는 결점이 잠재하고 있음을 가히 짐작하고도 남습니다.

치료를 담당하는 의사의 교육수준과 의료기관 시설 및 기술면에서 상상을 초월한 거족의 발전을 하였으며, 사람들의 주거환경 및 예방사업도 놀랍게 발전하였음에도 환자의 수가 늘어만 간다는 것은 치료를 담당하는 쪽은 충분한데, 치료를 받는 쪽에 무엇인가 잘못되어 있다는 결론을 내릴 수 있습니다. 무엇이 잘못되었을까요? 대답은 간단합니다.

창조주가 사람의 건강을 관장하도록 선천적으로 입력한 유전자가 공해에 시달리고 있어 제 구실을 하고 있지 않다는 결론이 나옵니다. 유전자는 사람이 창조주의 뜻에 순응하는 생활을 하면, 교육의 수준, 영양상태 여하에 좌우됨이 없이 완전 작동하도록 마련되어 있습니다.

그러므로 현대인의 유전자가 힘을 잃어 가고 있다는 사실은 인간이 조물주의 뜻에서 멀어지고 있다는 말이 됩니다. 누구의 잘못일까요? 물론 교회가 완전한 제 구실을 하고 있다고 생각할 수도 있습니다. 중고등학교에서는 유전자는 단순한 물질 분자라고 교육하고 있으므로 학생들은 생명의 신비와 존엄성은 고려하지 않음으로 조물주의 존재마저 한낱 종교의 가르침으로만 받아들여 믿음에 대한 혼돈 상태에 방치되어 있습니다. 교회에서 사람의 몸속에 실존하는 염색체와 유전자가 확실한 피조물임을 신학적으로 설명하여 믿음을 심어 주지 못하면 젊은이들의 앞날이 교회를 멀리할까 봐 염려스럽습니다.

성경공부 시간에 유전학이 증명한 피조물의 신비성을 곁들어 설명한다면 염색체가 창세기 1장 26-28절의 하나님이 주신 '복'과 같은 것이라는 것을 이해할 수 있을 것이며, 그러면 치유사역은 주님이 가르쳐 주셨고, 세상 끝까지 전하라 명하신 성직자의 담당 임무임을 자각하게 되어 각 교단마다 하나님의 치유센터를 건립하여 환자는 다시 성직자를 찾는 하나님이 원하시는 미풍이 되돌아와 새로운 세상을 만들어갈 것이 확실하게 보이지 않습니까? 분명 이런 날은 올 것입니다. 그 누구도 탓할 수 없습니다. 문제는 전적으로 우리 자신의 탓임을 깨달아야 합니다.

제 4장
네 믿음이 너를 낫게 하였느니라

1. 병에서 회복하려면 무엇을 해야 하나?

사람은 마음가짐에 따라 자신을 변화시킬 수 있는 지구상의 유일한 생명체입니다. 마음의 표현인 생각에 따라 자율신경계를 통하여 신체의 기능을 조절한다는 것은 오래 전부터 알았으나, 뇌의 전전두엽(前前頭葉, Prefrontal Lobe) 유전자가 반응하여 전파(電波)를 방출한다는 사실은 2011년에 처음으로 알게 되었습니다. 이 전파는 신경섬유 말단에서 신경전달물질(神經傳達物質, neurotransmitter)을 만들어 다음 신경섬유로 전합니다.

신경전달물질은 신경세포의 '시냅스(synapse- 신경섬유의 연결부위)' 소포체 안에 들어 있습니다. 신경세포에 자극(電波)이 전달되면 신경세포 시냅스에 칼슘이온 채널이 열려 칼슘이 신경세포 안으로 유입되어 시냅스 소포체를 신경세포의 세포막으로 이동시킵니다. 세포막으로 이동한 소포체가 축삭돌기(axis cylinder process- 다음 신경섬유와 접촉할 수 있게 뾰족하게 돌출된 부위)

말단에서 세포 밖으로 흘러나와 신경전달물질을 시냅스로 방출시킵니다. 방출된 신경전달물질은 시냅스 후 세포막의 수용체와 결합하여 시냅스 후 세포의 투과성을 변화시킵니다. 만약 양이온 채널이 열려서 양이온이 신경세포 안으로 들어가면 신경세포가 탈분극(脫分極)되어 흥분성 신경을 전달하고, 음이온 채널이 열리면 신경세포가 과분극(過分極)되어 신경전달이 억제됩니다. 신경전달물질의 작용은 다음과 같습니다.

아세틸콜린(acetylcholine) : 아세틸콜린은 혈관확장제로서 작용하여 심장박동 및 수축을 감소시켜 심혈관계를 포함한 수많은 신체기관에 영향을 미칩니다. 또한 '위(胃)'의 연동운동 및 소화기의 수축 폭을 증가시켜 위장관계에도 영향을 미치며, 방광의 용량을 감소시키고 수의(隨意), 방뇨압을 증가시키는 작용을 하여 비뇨계에 영향을 미칩니다.

노르에피네프린(norepinephrine) : 저혈당, 공포, 추위에 대응하기 위해 부신수질의 '크로마핀(Chromaffin)' 세포에 있는 '티로신(tyrosine)'으로부터 합성됩니다. 중성지질과 글리코겐의 분해를 촉진할 뿐만 아니라 심박출량과 혈압을 증가시킵니다.

도파민(dopamine) : 뇌의 일부구조에서 발견되는 뉴런(neuron)

에서 생성되고 중추신경계 내에서 억제작용을 합니다. 도파민 생산 부족은 위험한 퇴행성 신경질환인 파킨슨병(Parkinson's disease)의 발병과 관련이 있습니다.

세로토닌(Serotonin) : 기분, 체온조절, 고통인식, 수면 등에 영향을 줍니다. 또한 신경성 식욕부진, 탄수화물 갈구증 같은 인간의 섭식 질환과 관련이 있습니다.

가바(GABA) : 억제성 신경전달물질로서 항불안(抗不安) 작용, 항우울 작용, 항경련 작용, 혈압강하 효과, 간 기능 개선효과를 가집니다.

히스타민(histamine) : 알레르기와 염증 반응의 매개체이면서 위산 생성의 자극제, 그리고 뇌의 여러 부분에서 신경전달물질로서 작용합니다.

마음의 변화는 이상과 같은 신경전달물질의 작용을 변화시킬 뿐 아니라 다른 작용을 하는 호르몬을 방출하여 사람을 변화시킵니다.

"화 내지마! 혈압 오른다."

"웃어라! 웃으면 엔돌핀(Endorphin)이 나온다."

일상생활에서 사람들이 흔히 하는 말입니다. 이 작용이 사람을 병에서 회복할 수도 있습니다. 사람이 어떻게 살아야 건강할 수 있느냐를 성경에서 분명히 가르쳐 주고 있습니다.

"너희가 너희 하나님 나 여호와의 말을 들어 순종하고 내가 보기에 의를 행하며 내 계명에 귀를 기울이며 내 모든 규례를 지키면(진리를 믿고 따르면) 내가 애굽 사람에게 내린 모든 질병 중 하나도 너희에게 내리지 아니하리니 나는 너희를 치료하는 여호와임이라,"(출 15:26)

"너희 하나님 여호와께서 너희에게 명령하신 모든 도를 행하라(진리를 믿고 따르라). 그리하면 너희가 살 것이요 복이 너희에게 있을 것이며 너희가 차지한 땅에서 너희의 날이 길리라."(신 5:33)

"내 아들아 내 말에 주의하며 내가 말하는 것에 네 귀를 기울이라. 그것을 네 눈에서 떠나게 하지 말며 네 마음속에 지키라(진리를 믿고 따르는 마음). 그것은 얻는 자에게 생명이 되며 그의 온 육체의 건강이 됨이니라. 모든 지킬 만한 것 중에 더욱 네 마음을 지키라."(잠 4:20-23)

이 모든 말씀은 창조주 하나님의 말씀(성경)에서 떠나지 말고 그 말씀대로 행동하는 마음가짐, 즉 믿음이 확립된 평안한 마음이 치유의 근본임을 가르치고 있습니다.

미국 예일대학 신경과학연구소 강효정(Hyo Jung Kang)과 미국 국립건강원(NIH) 카르로 코란튀오니(Carlo Colantuoni) 등은 태아로부터 80세 노인에 이르기까지의 뇌에서의 유전자 발현을 연구했습니다. 그 결과로 사람의 생각은 뇌의 전전두엽(前前頭葉)의 유전자에 현저한 발현을 가져와 자율신경계를 통하여 생각에 따른 호르몬을 방출하여 자신을 변화시킨다는 사실을 밝혔으며, 세상 여러 인종(人種) 간에는 유전적 차이가 있음에도 불구하고 유전자의 발현으로 진행되는 전사(轉寫 - 다른 것으로 바꾸어 만드는 기능)에는 유전자의 차이를 넘어서 일관성 있는 분자적 기본구조를 만들어 낸다는 엄연한 사실을 알게 되어 사람의 기원이 하나였음을 인정하게 되었습니다.[20] 창세기 1장 26절에는 사람은 하나님의 형상을 따라 만드셨다고 기록되어 있습니다.

20) Hyo Jung Kang, Spatio-temporal transcriptome of the human brain. *Nature*, vol:478, 2011-10-22, p.483~492.
　　Carlo Colantuoni, Temporal dynamics and genetic control of transcription in the human prefrontal cortex. *Nature*, vol:478, 2011-10-22, p.519~523.

2. 생명의 비밀에 대한 예수의 예언

4복음서에 기록된 예수님의 치유사역을 더듬어 보면, 모든 환자가 병에서 회복될 때마다 예수님은 "네 믿음이 너를 낫게 하였다."라고 말씀하셨습니다. 병의 원인이 되는 시발점은 유전자가 태어날 때 가지고 온 원형을 잃고 변이가 발생하면 발병한다는 사실을 영국 캠브리지 대학의 스테판 잭슨(Stephan P, Jackson) 교수팀이 논문으로 발표했습니다. "유전자의 손상은 생리상태의 변화와 병의 원인이 된다."라는 제목으로 유전자에 변이가 발생하면 병이 시작되는 기전을 밝혀냈습니다. 요약하면 다음과 같습니다.

"세포 내에 존재하는 DNA는 하나님의 말씀에서 멀어져 마음의 평안을 잃으면 유전자의 받침대가 힘을 잃어 느슨해지면서 염기서열에 혼란을 가져와 유전자는 본래의 염기서열 구조가 변형되어 정상적인 생체분자를 만들어 내지 못하여 본래의 사명인 생리상태에서 벗어나 병이 발생한다."[21]

　사람의 마음이 하나님의 말씀에 순종하는 믿음으로 돌아서면 염색체의 받침대가 힘을 얻어 교란상태에 빠졌던 염기서열이 바로잡아져 병은 물러나게 된다는 과학적 기전을 알게 되니 "네 믿음이 너를 낫게 하였다"라는 말씀의 진리를 이해하게 됩니다.

　생명의 근원이며 생체 구성의 단위인 세포 하나하나 속에 들어 있는 유전자의 정보구성 체계인 염기서열에 이상이 오면 옳은 생체 분자를 생산할 수 없습니다. 이때 비정상적 분자인 발병 분자가 만들어져 세포의 운행을 비정상으로 이끌어 결국 병이 발생하는 것이라는 사실이 이들의 연구로 확인되었습니다. 그 후 그런 논문들이 줄줄이 발표되어 병의 원인을 알게 되었으며, 따라서 건강을 다시 찾으려면 이 유전자의 변이를 원상으로 회복시켜야 한다는 과학적 이론의 근거가 확인되어 유전학을 도입하여 의학은 혁명의 길을 걷기 시작했습니다. 그렇다면 유전자와 믿음은 어떠한 관계가 있기에 믿음에 의해 치유의 은사를 받은 사례가 성경에 기록되었을까를 알아야 합니다. 분명 믿음이 유전자의 헝클어진 변이를 원상으로 복구하는 힘이 있다는 것을 예수님의 치유사역을 통해 알 수 있습니다.

---

21) Stephan P, Jackson, The DNA-damage response in human biology and disease, *Nature*, vol:401, 22 October 2009, p.1071~1078.

성경에는 이 모든 의문이 풀리고 납득할 수 있는 구절들이 예언되어 있습니다. A.D. 56년경 전도 여행 중이던 바울이 고린도에서 로마 신자들에게 보낸 서신인 로마서 1장 18-32절에는 이렇게 기록되어 있습니다.

"하나님의 진노가 불의로 진리를 막는 사람들의 모든 경건하지 않음과 불의에 대하여 하늘로부터 나타나나니 이는 하나님을 알 만한 것이 그들 속에 보임이라. 하나님께서 이를 그들에게 보이셨느니라."

이 구절은 이방인들의 잘못으로 교회가 어지럽게 될 것을 염려하여 그것을 바로잡기 위해 쓴 글입니다. 하나님의 의와 진노는 모두 사람에 대한 신의 반응으로 오는 행동을 나타냅니다. 이 앞에 언급한 의(義)는 믿음이나 신뢰(信賴)에 대한 하나님의 반응이라 볼 수 있습니다. 그리고 하나님의 진노는 '경건치 않음과 불의'에 대한 하나님의 반응입니다. 경건하지 않고 불의한 사람은 삶에서 진리를 왜곡하고 정의를 막습니다. 그래서 그런 사람은 진리를 몰아내려고 합니다. 하나님이 원하시는 방향의 삶이 불의를 행하는 사람들에 의해 잘못 해석하게 하는 세상지식을 바로잡기 위해 창조주의 실존을 증명하는 증거로 "하나님을 알 만한 것을 보일 수 있게 하시겠노라."라고 말씀하셨습니다.

"창세로부터 그의 보이지 아니하는 것들 곧 그의 영원하신 능력과 신성(생명의 근원인 창조주의 초능력을 간직한 염색체, 유전자)

이 그가 만드신 만물(사람을 비롯하여 모든 생명체)에 분명히 보여 알려졌으니(20세기에 와서 처음으로 과학자가 밝혀냈다) 그러므로 그들이 핑계하지 못할지니라."(롬 1:20)

유전자의 존재가 증명됨에 따라 유물론 과학자가 유신론으로 돌아서기 시작했습니다. 성경은 아득한 옛날에 씌어졌지만, 지적하고 있는 사실은 현재와 미래까지도 적용되는 신비성을 가졌습니다. 이 얼마나 놀랄 만한 예언입니까? 할렐루야! 아마도 세상이 하나님으로부터 더욱 멀어져 가는 현상을 구하시려는 구원의 역사라고 믿어집니다.

사실 하나님을 알 만한 것, 즉 생명의 근원으로 하나님이 주신 복인 유전자를 과학만능사회에 과학자를 통하여 유전자가 생명을 운행하는 초능력의 사령탑이며, 이것이 물질임이 분명한데 피조물이었다는 것을 밝혀 주셨습니다. 유전자 연구에 몰두하고 있는 미국 유전학연구소 부소장인 프랜시스 콜린스(Framcis Collins)는 "유전자에 관한 새로운 것을 발견할 때마다 하나님의 작품임을 깨닫고 경외함을 느낀다."라고 그의 소감을 발표하면서 "사실 이 엄청난 비밀은 내가 밝힌 것이 아니고 주님께서 나에게 보여 주셨다."라고 고백했습니다.[22]

과학자들이 이렇게 유전자가 피조물임을 증명하는 논문을 발표

---

22) Francis Collins, When something new is revealed about the human genome. *Science*, vol:277, 15 August 1997, p.893.

하고 있는데도 많은 사람들은 아직도 유물론적 세계관에 머물며 하나님 앞으로 돌아오지 않고 있습니다.

인간의 타락에 대해 오래 참으셨던 하나님은 드디어 성자 예수님을 성령을 통해 동정녀 마리아에게 잉태(孕胎)하여 성육신의 과정을 거쳐 사람의 형상으로 이 세상에 보내시어 구원의 역사는 시작되었습니다. 예수님께서는 이 세상 사람들이 창조주와 멀어졌음을 한탄하셨습니다.

"주께서 이르시되 이 백성이 입으로는 나를 가까이 하며 입술로는 나를 공경하나 그들의 마음은 내게서 멀리 떠났나니 그들이 나를 경외함은 사람의 계명으로 가르침을 받았을 뿐이라. 그러므로 내가 이 백성 중에 기이한 일 곧 기이하고 가장 기이한 일을 다시 행하리니 그들 중에서 지혜자의 지혜가 없어지고 명철자의 총명이 가려지리라."(사 29:13~14)

지금 우리가 살고 있는 이 세상은 예수님이 오셨을 때보다 한층 더 하나님과 멀어진 것 같이 느껴집니다. 왜냐하면 현대인의 머리에는 예수님이 오셨을 때 사람에게는 없었던 유물론적 과학이론이 꽉 차 있어서 누가 진리를 말하여도 겸손히 받아들이기보다는 그 말을 자신의 과학지식으로 잣대질해 보는 사회 습관에 물들어 순수성을 잃었기 때문입니다. 하나님 앞으로 사람들을 인도해야 할 교회는 한 분이신 하나님 앞에서 왜 이렇게 많은 교파가 있어 서로 자기 교파가 가장 순수하다고 역설을 하고 있어서 사람들을 어리둥절하게 만들고 있습니다.

2011년 10월 19일 연세대 정종훈 교수는 연세신학대연구회 창립 30주년을 맞아 "위기의 한국교회, 진단과 대안"을 주제로 루스채플 원일한 홀에서 열린 학술세미나에서 한국교회와 목회자들을 바라보는 현실을 지적하면서 "100년 전 세상의 희망이었던 교회와 존경받던 목회자들이 지금은 세상의 손가락질을 받고 있다."라고 말했습니다.

주님은 지금도 계속해서 생명과학자들을 통하여 가지가지 생명에 관한 논문들을 펴내시면서 놀랍고 기이한 일, 즉 생명이 피조물임을 증명하는 일을 계속 보이시면서 성경에 예언하신 대로 "하나님을 알 만한 것"을 드러내 보이시고 있습니다. 그러므로 머지않아 이 세상이 주님의 나라로 거듭나는 주기도문이 완성되는 날이 오리라 믿습니다.

3. 생명과학이 밝혀낸 성경의 예언

예수님은 이 세상에 오셔서 사람들에게 비유를 들어 가르치셨습니다.

"예수께서 이 모든 것을 무리에게 비유로 말씀하시고 비유가 아니면 아무 것도 말씀하지 아니하셨으니, 이는 선지자를 통하여 말씀하신 바 내가 입을 열어 비유로 말하고 창세부터 감추인 것들을 드러내리라 함을 이루려 하심이니라."(마 13:34-35)

이 말씀 속에는 세상 창조 때부터 감추어져 내려오는 무엇인가가 있는데, 그것을 비유로만 말씀하시겠다고 언명하셨습니다. 왜 비유로만 말씀하셨을까요? 생각건대 그 시대의 사람들의 지식 수준이 생명의 비밀을 직접 강론하시면 알아들을 수 없으므로 쉽게 이해할 수 있게 비유로 말씀하셨다고 믿어집니다. 사실 현대를 사는 우리들도 유전자에 대한 학술적 이론으로 설명한다면, 특별한 관심이 있어 유전학에 관한 새로운 논문을 공부하며 성경과의 연계성에 관심을 가진 학자 이외의 사람은 이 초능력의 피조물인 염색체와 유전자를 이해할 수 없는 사람이 대부분일 것입니다. 그렇기 때문에 비유로 말씀하셨으리라 믿습니다. 사실 예수님 때의 사람들은 예수께 표적을 보여 달라고 요구했습니다.(마 12:38, 15:39) 지금이라면 생명을 엮어 내는 하나님이 주신 복인 유전자를 보이시면서 설명하시지 않았을까 생각합니다.

예수님이 행하시는 많은 이적과 기사를 목격하고 따르는 수많은 군중에게 강론하셨는데 그 중에는 '저분이 혹시 다윗의 자손이 아니신가?'(마 12:23), '저분도 한낱 평범한 사람이지' 하고 예수님의 신성을 보지 못했습니다. 그러나 제자인 베드로는 예수가 하나님의 아들이 성육신하여 인간으로 태어난 '그리스도'이신 것을 하나님의 계시로 알고 있었습니다.(마 16:13-20) 한낱 평범한 사람으로서는 예수를 알아보지 못하는 것은 너무나 당연한 일이 아니겠습니까? 현대의 우리들도 성경을 열심히 봉독하여야만 믿음을 지켜낼 수 있음을 알아야 합니다.

예수님의 강론에서 처음으로 '창세로부터 감추어 내려온 비밀'이 있었다는 말씀을 듣게 되었으니 얼마나 놀라왔겠습니까? 그때 제자들이 예수님께 '어째서 비유로 말씀하십니까?' 하고 질문을 하였습니다. 마태복음서 13장 13절부터 15절까지를 다시 읽어 봅시다.

"그러므로 내가 그들에게 비유로 말하는 것은 그들이 보아도 보지 못하며 들어도 듣지 못하며 깨닫지 못함이니라. 이사야의 예언

이 그들에게 이루어졌으니 일렀으되 너희가 듣기는 들어도 깨닫지
못할 것이요 보기는 보아도 알지 못하리라."

4. 건강을 관장하는 유전자의 받침대

A.D. 66년경, 히브리인이자 그리스도인에게 보내진 권면의 서신인 히브리서는 성경에 관해 상당한 지식이 있었으며, 구속의 역사에 관해 정통한 신학자였고 헬라어 구약성경에 정통했던 사람(사도 바울)이 쓴 서신입니다.

"믿음은 바라는 것들의 실상이요 보이지 않는 것들의 증거니, 선진들이 이로써 증거를 얻었느니라. 믿음으로 모든 세계가 하나님의 말씀으로 지어진 줄을 우리가 아나니 보이는 것은 나타난 것으로 말미암아 된 것이 아니니라."(히 11:1-3)

현대 성경학자들은 이 구절을 '믿음장'이라고 공인하고 있습니다.

"히브리서는 교회의 실생활에 관한 평가에 있어서 매우 타당하다."고 성경학자 요하네스 쉬나이더(Johannes Schneider)는 말했습니다. 히브리서 11장의 '믿음은 바라는 것의 실상이며 보이지 않는 것들의 증거'라는 말씀도 21세기에 와서야 창조주의 피조물인 생명의 근원인 하나님이 주신 '복' 유전자가 실존하며, 유전자는 믿음에 의해 보장받는다는 것을 깨닫게 되었습니다. 믿음이 사람의 건강과 수명을 지켜줄 수 있음을 이해하게 되면서 이 성경 구절을 현대 기준으로 이해할 수 있게 되었습니다.

그러나 이 땅 위에 있는 하나님의 백성을 위협하는 위험한 사회적 반종교 비판자들은 교회는 '하나님이 있으니 그저 묵묵히 하나님만 믿으라'라고 강론할 뿐, 과학적으로는 신의 존재를 전혀 증명할 수 없으므로 "종교는 아편과 같은 것이니 속지 말라"는 말을 서슴없이 해 왔습니다. 이렇게 종교를 반대하는 자들의 주장을 바로잡기 위해 히브리서는 씌어졌습니다. 이 서신은 믿음을 굳게 지키고 그리스도께 불충하지 말라고 권면하고 있으나, 그 논술의 구조의 형태와 논증이 다른 성경과 동떨어져 있어서 성경에 포함될 수 없다는 문제가 제기되었던 독특한 서신입니다. 이 구절은 믿음생활의 주제를 논증하고 있습니다. 믿음은 우리가 바라는 것들의 보증이라고 단언하고 있습니다.

믿음이 유전자의 받침대 역할을 하고 있다는 과학적 증거가 발표되면서 믿음이 우리가 바라는 것들의 보증이 된다는 말을 이제야 합리적(과학적)으로 이해하게 되었습니다. 사람들이 바라는 것과 창조주가 인간에게 바라는 것은 동일하다고 말할 수 있습니다. 즉 창조주는 인간이 하나님의 사랑으로 건강하고 즐겁게 세상을 살면서 창조주에 대한 믿음이 확실하여 반석 위에 지은 집과 같이 든든하게 건강한 생을 마치고 주님을 찬송하면서 천국으로 돌아오기를 원하셨습니다. 이것이 또한 그리스도인들이 원하고 바라는 것입니다.

현대 생명과학은 하나님이 창조하신 생명체의 생리과정을 행사하는 유전자가 염색체의 '받침대' 위에 고정 배치되어 있음을 알아냈습니다. 그래서 유전자가 헝클어지면 병이 생깁니다. 다시 말해서 건강과 행복을 유지하려면 염색체의 '받침대'가 힘 있게 유전정보를 간직해 주어야 합니다. 그렇게 하려면 믿음이 확실해야만 합니다. 이와 같은 사실을 과학으로도 증명했으니 지금 우리는 믿음은 건강의 '받침대'라는 말로 번역할 수도 있지 않겠습니까?

이렇게 믿음에 관하여 가장 확실한 증거를 말했는데도 많은 논쟁을 받았던 것은 그 시대의 지식으로서는 이해하기에 힘들었을 것이 분명합니다. 그러나 현대에 와서는 유전학이 창조주의 말씀인 초능력이 유전자를 통하여 행사되고 있으며, 이 정보가 염색체의 받침대 위에 고정되어 있음을 밝혀냈기 때문에 믿음이 받침대와 같은 실상이라는 사실을 이해하게 되었습니다. 창조주께서는 당신의 말씀이 살아서 움직이는 유전자로 사람의 건강을 지켜가도록 설계하셨습니다. 그리고 이 유전자를 염색체의 받침대에 고정 배열하셨습니다.

믿음이 확립되었으면 그 다음은 기도입니다. 믿음 있는 기도에 대하여 A.D. 96년경에 바울이 보낸 서신인 빌립보서 4장 6-7절에는 이렇게 기록되어 있습니다.

"아무 것도 염려하지 말고 오직 모든 일에 기도와 간구로 너희 구할 것을 감사함으로 하나님께 아뢰라. 그리하면 모든 지각에 뛰어난 하나님의 평강이 그리스도 예수 안에서 너희 마음과 생각을 지키시리라."

그렇습니다. 사람은 믿음만 확실하면 생명정보가 입력되어 있는 유전자의 받침대가 힘을 얻어 견고함으로 건강하고 안정된 평화가 그리스도 예수 안에서 보증되어 있습니다.

현대 생명과학은 헝클어졌던 유전자가 원상으로 복구되는 작업의 진행과정을 상세하게 밝혀 발표했습니다.[23] 《자연 구조와 분자생물학(Nature Structural & Molecular Biology)》의 2004년 8월호에는 유전자의 손상을 원상대로 수복하거나 제거하는 단백질을 생산하는 유전자를 사람은 출생시부터 가지고 태어난다는 사실을 확인했습니다. 이와 같은 사실 역시 사람의 건강은 사람 자신이 운행하는 것이 아니라 창조주께서 운행하고 계시다는 것을 증명했습니다. 이어서 2010년 4월 24일자 《네이처》지에 제네바 의과대학 세포 생리학 교수 패브리지오 소렐(Fabrizio Thorel)이 발표한 바에 의하면, 병들어 고장이 났던 세포가 고장을 자가수리하고 원상으로 돌아올 수 있다는 '세포의 가역성(可逆性)'을 증명했습니다. 물론 이

---

23) Nature, 2003-2-20, vol:421, p.795.

런 변화는 약물로 되는 일은 아닙니다. 마음의 안정과 믿음에서 얻어지는 결과임을 강조했습니다.

위에 나열한 과학 논문들이 증명한 생명현상을 집행관인 유전자가 바로 하나님이 우리를 위하여 미리 준비하신 것으로서 창세로부터 감추어 내려온 것이 모든 일이 나타날 것을 고린도전서 2장 7절에 기록되어 있습니다.

"오직 은밀한 가운데 있는 하나님의 지혜를 말하는 것으로서 곧 감추어졌던 것인데 하나님이 우리의 영광을 위하여 만세 전에 미리 정한 것이라."

이 얼마나 정확한 예언입니까? 그 옛날 사람들은 이 엄청난 비밀을 알 수 없었으나 현대인은 생명과학이 이 모든 감추어졌던 비밀을 풀어내고 있어서 이 비밀이 이 시대에 와서야 해석할 수 있게 되었습니다. 이어서 8절에는 그 옛날 제사장들도 이와 같은 감추어졌던 비밀은 몰랐기 때문에 즉 유대교의 본질인 규약에만 얽매여 예수님을 몰라보는 우를 저질렀음을 말씀하시고 계십니다.

"이 지혜는 이 세대의 통치자들이 한 사람도 알지 못하였나니 만일 알았더라면 영광의 주를 십자가에 못 박지 아니하였으리라."

현세대의 우리들 중에도 창조로부터 감추어져 내려 온 비밀인 생명의 근원이며 창조주의 초능력이 입력되어 있는 하나님이 주신 '복' 유전자를 한낱 물질이라고만 생각하고, 이것이 성경에 예언되어 있는 피조물이라는 존재를 알지 못하면 역시 주님을 십자가에 못 박는 우를 저지를 것이며 엉뚱한 신자생활을 하고 있을 것입니다.

예수님은 제자들에게 이렇게 말씀하셨습니다.

"그런즉 그들을 두려워하지 말라. 감추인 것이 드러나지 않을 것이 없고 숨은 것이 알려지지 않을 것이 없느니라."(마 10:26)

즉 앞으로 모든 것이 다 명명백백하게 드러나 주님이 말씀하신 모든 것이 진리임이 밝혀질 것이니 너희를 핍박하는 무리를 두려워하지 말라고 말씀하셨습니다. 예수님이 이 말씀으로 제자들에게 힘을 주셨으나 그때는 어떤 물증으로도 증명할 수가 없었는데도 제자들은 굳은 믿음으로 주님을 순종하였습니다. 현 세대는 어떻습니까? 이제 생명과학자들이 생명은 피조물이라는 과학적 증거를 속속 드러내고 있는 데도 아직도 크리스천다운 믿음의 세계가 오지 못하고 있으니 안타깝기 한이 없습니다. 믿음이 섰다는 것은 의지할 곳이 확실하다는 말이며, 의지할 곳이 있으면 마음은 한 없이 평안해지고 하나님의 평강이 임하시면 병든 세포는 정상 세포로 돌아갈 수 있으니 '믿음은 건강의 받침대'라는 말은 진리입니다.

로마서 1장 16절은 복음의 힘이 얼마나 큰가를 가르쳐 주고 있습니다.

"내가 복음을 부끄러워하지 아니하노니 이 복음은 모든 믿는 자에게 구원을 주시는 하나님의 능력이 됨이라."

그렇습니다. 복음에만 의존하십시오. 그러면 우리에게는 건강과 구원이 찾아옵니다. 믿음 안에서, 그리스도 안에서, 모든 사람은 다시 태어날 수 있으므로 할렐루야를 외칩시다.

제 5장
암을 치료하려면 전인치유는 필수적이다

1. 전인치유란 어떤 원리를 도입한 치유인가?

전인치유의 '전인(全人)'이란 사람을 세포라는 하나의 물질의 덩어리로 생각하는 현대과학을 넘어서는 것입니다. 세포는 생명을 영위하면서 쉴 새 없이 새로운 세포를 만들어 내는 창조의 신비함을 지닌 초능력의 존재입니다. 이 생명력은 세포 중심에 자리한 염색체에 입력되어 있습니다. 이 생명력이 바로 창조주가 주신 신성(神性)인데 우리는 이 신성을 '영(靈, spirit)'이라고도 부릅니다. 그러므로 사람은 영(靈, 4차원)과 육(肉, 3차원)의 복합체입니다. 그 생명의 힘은 나 자신의 소유물이 아니고 창조주로부터 오는 것입니다.(창 1:28) 이 '영생불멸의 힘'과 물질인 육체가 어울려 살아가는 사람을 '전인'이라고 칭합니다. 이것이 바로 사람은 물질로 이루어진 세포의 덩어리인 육체와 생명을 움직이는 '신성'이 함께 하는 초능력의 존재임을 나타냅니다. 그러므로 세포인 사람의 완전한 치료 또한 물질만 가지고는 불가능합니다. 물질인 약을 공급하는 치료도 있어야 하지만, 생명의 힘인 자생력을 활성화하는 것 또한 필수적입니다. 이렇게 4차원과 3차원의 치료를 병행하는 것을 '전인치유(holistic healing)'라고 부릅니다.

병에 걸렸을 때 약물치료도 중요하지만, 자생력을 활성화하기 위해 노력해야만 합니다. 그렇습니다. 사람은 생각과 느낌으로 자신의 생태적 상태, 즉 자신의 몸을 변화시킬 수 있는 지구상에 유일한 생명체입니다. 마음은 느낌에 반응하면서 전신의 생리 상태를 변화하여 환경에 적응합니다. 사람이 종교적 믿음이 확실하면, 그 사람의 의지(意志)는 자신의 마음을 선(善)한 쪽으로 가도록 노력할 수 있습니다.

우리 몸을 구성하는 세포들은 우리가 처한 환경과 생각을 감지하면서 그 판단을 뇌세포로 보냅니다. 이때 믿음이 확실치 못해 의지할 곳이 없는 사람의 뇌는 "아, 이젠 틀렸다."라며 사망의 생각에 잠기면 스스로를 포기하여 유전자의 염기서열의 교란을 가져와 암도 발생할 수 있고, 면역체계에 치명적인 타격을 줄 수도 있으며, 밝음을 향해 생명의 생각으로 나아가면 정신적 의지로서 유전자가 힘을 얻어 스트레스를 제압(制壓)하면서 암 세포의 증식을 억제할 수도 있고, 호르몬을 발동하여 면역체계를 강화시킬 수도 있습니다. 우리 몸은 이 두 가지 중 하나의 길을 선택합니다.

'삶'이란 생명체가 창조되어 그 형태가 감각기관에 인지되는 순간부터를 말합니다. 따라서 치유의 순서 또한 창조주의 섭리를 간직한 유전자의 원상복구를 모색하는 길이 선행되어야 하고, 물질의 치료가 뒤따라야 할 것입니다. 최근까지 모든 치료는 과학적 진보를 바탕으로 하는 현대 의학에 몰두하면서 병든 육체를 과학적인 물질로 치료하는 것만이 발전을 거듭하게 되었고 자생력에 대한 뒷받침은 거의 실행되지 못하였습니다. 결과적으로 현대 의학은 더욱 강력한 화학약품을 개발하고 병든 육체는 이를 받아들여야 하는 악순환을 계속하고 있습니다.

하지만 20세기에 들어서면서 과학은 드디어 병의 원인이 유전자의 변이로 시작되는 과정임을 밝혀냈습니다. 병의 발생은 유전자가 본래 창조주로부터 부여받은 활동을 제대로 못하게 되면, 창조주 앞으로 돌아가라는 말 없는 경고이며 신호입니다. 그러니 병에서 회복하려면 유전자가 본래의 기능을 발휘할 수 있게 주님 앞으로 돌아가야 원상으로 회복합니다.

하버드 대학 줄기세포연구실의 심장학 전공 빈 저우(Bin Zhou)와 영국 런던 소아심장연구소에서 분자의학을 전공하는 니콜라 스마트(Nicola Smart) 등이 공동으로 발표한 연구논문에 의하면, "급성심근경색(Heart attack)으로 심근세포가 괴사하면 심장마비가 오거나 심할 경우 죽음을 불러온다. 이때 심근전구세포에 자생력 유전자가 작동을 하면 줄기세포가 활동을 시작하여 새 심근세포를 만들어서 죽은 심근세포와 교체하여 병에서 회복될 수가 있다."는 사실을 밝혔습니다.[24] 이 회복과정 역시 자생력 유전자의 활성에 달렸음을 알게 되면서 약물 치료도 중요하지만 자생력을 깨우치는 믿음으로 돌아가 선천적으로 부여받은 자신의 줄기세포를 활성화 하여 스스로 치유의 은사를 체험하는 '전인치유'가 필요하다는 것을 인정하게 되었습니다.

24) Bin Zhou & Nicola Smart, *Nature*, vol:474, 2011-6-30, p.585, 640.
    Abstract: http://forcast.emailalert.jp/c/afcXae5xiu5Cojbr
    Article: http://forcast.emailalert.jp/c/afcXae5xiu5Cojbs

2. 유전자의 정체와 암의 치료

    20세기에 들어서면서 암 환자가 부쩍 늘어나고 있습니다. 현대 의학은 그 어느 때보다 눈부신 발달을 하여 암의 진단도 조기진단이 가능하게 되었으며, 병원의 암 치료시설 또한 완전에 가깝게 장비가 개선되었고, 그 치료에는 현대 의학에 유전학이 도입되면서 새롭고 놀라운 유전자 치료법인 '맞춤요법'이 등장하기 시작하여 많은 환자가 암으로부터 회생의 기쁨을 맛보기 시작하였습니다. 그러나 아직도 암이라는 진단 하에 표준치료(Proven Conventional Therapy)를 받고 있으면서도 암에서 해방되는 숫자보다는 여명을 달리하는 숫자가 더 많습니다. 암 전문병원의 치료를 받고 있으면서도 죽음의 공포에 시달리면서 어딘가에 좀 더 효과적인 치료는 없을까 하며 갈팡질팡하는 환자들을 볼 수 있습니다.

    암의 치료가 이렇듯 만족할 만한 성과를 올리지 못하고 있는 데는 그럴 만한 이유가 있습니다. 그 이유의 하나는 현대인의 세계관이 과학만능의 판단 기준에 얽매어 있어 물질의학에만 정신이 집중되어 있고 자생력의 활성화는 생각조차 못하고 있는 데 있습니다. 또 하나의 이유로는 치료에 임하는 의사의 대다수가 유물론적 세계관을 가지고 있어서 자신이 베푸는 치료와 함께 '영성치유'를 받도록 권하는 일이 없기 때문입니다. 암의 발생 원인을 물질환경과 생활습관의 유물론적 근거로 단정하고 물질적 치료에만 치중했기 때문입니다. 모든 것은 그 원인을 정확히 알아야만 정확한 해결책이 제시되기 마련입니다.

사람들의 주거 환경, 음식 수준의 향상, 예방접종의 계획화, 의료과학의 발달, 의료시설의 최첨단화, 이 모든 것이 지난날보다 훨씬 개선되어 눈에 띄도록 좋아졌는데 어째서 암 환자는 늘어만 가는 것일까요? 대답은 한 가지밖에 없습니다. 병의 대상인 사람들의 기거환경, 음식 수준이 모두 좋아졌으며, 치료를 베푸는 의료진도 모두 진보 발달하였으나, 암을 유발하는 원인이 예전보다 더 악화되었다고 말할 수 있습니다. 그렇다면 암을 유도하는 원인은 무엇일까요? 지금까지 과학이 인정한 질병의 원인은 그 첫째가 사람의 생활환경의 오염도였습니다. 즉 생활환경이 건강을 지켜가기에 합당치 않았다는 말입니다.

6.25 전쟁이 일어나던 전후에는 변소에서 구더기가 우글우글 거렸으며, 파리는 변소와 밥상을 왕복하면서 전염의 통로 역할을 했

습니다. 사람들은 불결한 주거 환경에 방치되어 있었고, 예방접종은 돈 있는 일부 계층만이 받았으며, 의료기관의 시설 또한 선진국보다 턱없이 뒤져 있었습니다. 그러나 그때는 지금과 같이 암 환자는 많지 않았습니다.

그러나 지금은 이 모든 주거환경이 선진국 수준으로 개선되어 있습니다. 예방접종도 국가가 부담하여 보건소에서 무료로 받습니다. 모든 사람이 빠지지 않고 접종을 하여 예방주사가 모자라는 현상까지 봅니다. 이만하면 건강 환경은 확실히 선진화하였는데, 왜 식중독으로부터 각종 전염병(사람, 가축, 조류 모두에게)은 물론이고, 암에 이르기까지 환자가 전보다 더 많이 발생하고 있을까요? 주거환경, 음식, 방역, 의료수준이 암의 발생과 관련한다는 이론 외에 또 다른 원인이 있다고 생각할 수 있습니다.

그렇다면 무엇이 암의 원인일까요? 대답은 물질에 원인이 있는 것만이 아니고, 마음에 있다는 답을 할 수밖에 없지 않습니까? 마음의 안정과 사랑의 사회를 만들어 가는 데 길잡이를 해야 할 교회의 활동은 어떻습니까? 사회를 이끌고 있는 과학자들은 가능한 모든 예방조치를 해 가고 있으니 그들을 나무랄 수는 없지 않습니까? 그렇다면 이런 때에 누가 앞장을 서야 하겠습니까? 종교가 앞장 서야 한다고는 느껴지지 않습니까?

과학은 암의 원인으로 유전자가 3차원의 물질과 4차원의 정신적 스트레스로 염색체의 받침대가 힘을 잃어 염기서열이 헝클어진 결과, 세포 중심에 자리 잡고 있는 유전자가 변형을 일으켜서 발생한다는 결론을 내리고, 유전학을 도입하여 유전자 치료에 돌입했습니다. 그 한 예로 표적항암제(맞춤항암제)를 들 수 있습니다. 표적항암제란 암 세포만을 골라 죽이거나, 암 세포에 영양을 공급하는 혈관 생성을 차단해 암을 굶겨 죽여 항암 치료를 하는 것을 말합니다. 기존의 항암제는 암 세포뿐 아니라 정상 세포에도 모두 공격해 탈모, 구토, 설사 등의 극심한 항암제 부작용이 나타났었습니다. 표적항암제는 한 마디로 독성은 줄이고 효과는 높인 항암제라고 할 수 있습니다. 표적항암제 치료는 많은 암 환자를 절망에서 희망으로 생존율을 높였습니다. 최근에는 1개의 항암제가 2곳 이상의 다양한 경로로 암세포를 공격하는 '다중표적항암제'가 주목을 받고 있습니다. 예를 들면 신장암에 효과가 있는 표적항암제가 폐암, 간암 등 혈관이 풍부한 거의 모든 암에 효과를 나타내거나, 유방암 표적항암제가 신장암과 두경부암에 효과를 나타내기도 합니다. 다중표적항암제는 암 주변의 혈관 생성을 억제하는 등 암 전이를 막는 과정이 다른 암에서도 동일하게 작용되어 한 번에 여러 암에서 효과를 보이고 있습니다.

그러나 표적항암제에도 아직은 한계가 있습니다. 모든 사람에게 적용이 가능한 것이 아니라는 점입니다. 같은 암환자라도 표적물질(바이오 마커, biomarker)을 가지고 있는 환자에게만 적용이 가능합니다. 예를 들면 유방암에 쓰이는 '허셉틴(herceptin)'이라는 항암제는 유방암 성장에 관여하는 특정 유전자인 'HER2'만을 선택적으로 공격하는데, 모든 유방암 환자에게 효과가 있는 것은 아니라 'HER2'란 유전자에 의해 유방암에 걸린 사람들에게만 잘 듣습니다. 이 때문에 유방암 환자를 무작위로 선정해 처방하면 완치율은 5%에 불과하지만, 유방암 조직검사를 해서 'HER2'가 나온 환자들에게 투여하면 완치율이 40~60%에 이릅니다.

표적항암 치료도 유전자 치료의 일종입니다. 우리 나라에서도 표적항암제가 얼마나 좋은 효과가 있는지를 임상을 통해 연구한 결과가 2011년 6월 7일 미국 시카고 맥코믹 센터에서 열린 미국 임상종양학회(ASCO)에서 서울대병원 종양내과 박병주 교수가 다음과 같은 연구 결과를 발표했습니다. "위암 수술환자에게 맞춤항암제인 먹는 항암제 '젤로다(Xeloda)'와 주사형 항암제 '엘록사틴(Eloxatin)'을 투약했더니 생존율이 약 23%가 올라갔다."라는 논문을 발표하여 우수논문상(Best of ASCO)으로 채택되었습니다. 이 임상시험은 서울대 외과교수이며 세계 위암학회장인 노성훈 교수와 연세대 종양내과 교수인 방영주 교수가 공동으로 2005년부터 2012년까지 클래식(CLASSIC)이란 명칭으로 한국, 대만, 중국에서 위암 2-3기 판정을 받은 환자 1,035명을 대상으로 진행하여 얻은 성과입니다.

또 한 가지 우리나라 학자가 암 치료에 효과적이며 부작용 없는 새로운 치료법을 개발한 것이 있습니다. 연세대학교 화학과 천진우 교수와 연세의대 박국인 교수는 《네이처 나노기술(Nature Nano-Techmology)》 2011년 6월호에 두 가지 자석(코발트산화철과 망간산화철)의 자석입자를 개발하여 암 세포를 파괴하는 데서 오는 부작용 없는 새로운 치료법을 개발하여 발표했습니다.

3. 암 발생의 원인은 무엇인가?

얼마 전까지만 해도 암은 발암인자의 침범으로 발생한다고 믿어 왔습니다. 우리가 섭취하는 음식을 또는 접촉을 통해 들어오는 화학물질이 암을 일으킨다고 단정했었습니다. 화학물질을 실험동물에게 주사하여 암이 발생하는 것을 확인하고 그러한 화학물질을 발암인자라고 명명했습니다. 사실 우리가 사는 현대사회에서는 피할 수 없게 수많은 화학물질과 접하고 살고 있으므로 이와 같은 화학물질이 세포 속으로 들어가 유전자를 교란하여 유전자에 변이를 가져와 암을 발생할 수도 있음은 사실입니다.

그런데 생명과학은 새로운 사실을 밝혀냈습니다. 2003년도에 미국 존스홉킨스 대학의 피터 아그레 교수와 록펠러 대학의 로데릭 맥키닌 교수는 사람의 세포막에는 주화성(走化性, Chemotaxis) 수용체(受容體, Receptor)가 있어서 선택적으로 우리에게 필요한 분자만을 세포 속으로 들여보낸다는 것을 확인했습니다. 그러므로 이 수용체는 우리가 음식을 통해 발암인자라고 알려진 화학물질을 모르고 섭취하였더라도 그 발암인자인 화학분자가 세포 속으로 반드시 들어갈 수 있다는 보장은 없다는 것을 알게 되었습니다.

2009년 4월 9일 인터넷 포털 야후 사이트의 건강 페이지 (http://health.yahoo.com/news/healthday)에 덴마크 코펜하겐의 암 학회가 713명의 혈액 속에 흐르고 있는 화학분자 발암인자인 PFOA(perfluorooctanoate)와 PFOS(perfluorooctanesulfate-사람이 접하는 화학물질은 거의 다 이 두 가지 화학성분에 속한다)가 혈액 속에 흐르고 있는 양을 측정한 수치와 동일한 인원수의 건강한 사람의 혈액을 채취하여 이들 발암인자인 화학물질의 함량을 측정하여 비교해 보았더니, 두 그룹이 가지고 있는 발암인자의 혈중농도에는 별 차이를 보이지 않았다고 발표했습니다.

이 실험은 발암인자를 모르고 섭취하였어도 세포막 수용체가 이 분자를 세포 속으로 들여보내지 않고 혈액 속에 흐르고 있으나 암 환자는 되지 않더라는 것이 판명되었습니다. 발암인자를 섭취했다고 해서 반드시 암이 발생하는 것은 아니라는 것을 이해하게 되었습니다. 그 후 암의 원인을 찾던 중 드디어 유전자의 변형이 원인이라는 것을 알게 되었습니다.

2010년 2월 18일 미국 하바드 대학과 MIT 공대의 교수를 겸직

하고 있는 라민 베로크힘(Rameen Beroukhim)은 "정상세포를 암 세포로 만드는 데 관여하는 유전자를 밝혀내 암은 유전자에 의해 발생한다"는 연구결과를 발표했습니다.[25] 이어서 예일 대학의 페트로 메디나(Pedro P. Medina) 교수는 "정상세포가 암 세포로 되려면 microRNA-21(유전자)의 관여가 반드시 수반한다"는 사실을 밝혀서 유전자가 암의 원인이라는 학설이 더욱 힘을 얻게 되었습니다. 즉 암을 유도하는 것도 유전자이고, 정상세포를 암 세포로 변이케 하는 과정에도 유전자가 개입한다는 사실을 확인했습니다.[26]

그런가 하면 스위스의 취리히 대학 아트만 센도엘(Atman Sendoel) 교수팀은 "사람의 마음이 불안정하면 신경전도물질의 하나인 TYR-2 분자가 분비되어 암 세포의 증식과 직접적으로 관계한다"는 사실을 발표했습니다. 이 연구는 정신적 불안상태가 유전자의 변형을 가져와 암을 발생시킨다는 것을 이해하는 데 큰 도움이 되었습니다.[27] 사실은 이보다 앞서 2009년 4월 9일에는 영국 케임브리지 대학 마이클 스트래튼(Michael R. Straton) 교수팀이 "암은 정상세포의 3차원의 물질 및 4차원의 정신적 외부환경 변화로 시작한다"는 증거를 발표한 바 있습니다. 이 연구 논문도 역시 유

25) Rameen Beroukhim, The landscape of somatic copy-number alteration across human cancer. *Nature*, vol:463, no-7283, 2010-2-18, p.899.
26) Pedro P. Medina, OncomiR addiction in an in vivo model of microRNA-21-induced pre-B-cell lymphoma. *Nature*, vol:467, 2010-9-2, p.86~90.
27) Atman Sendoel, HIF-1 antagonize p53-mediated apoptosis through a secreted neuronal tyrosinase. *Nature*, vol:465, 2010-6-3, p.577~583.

전자의 변이가 암의 원인임이 확실하며 그 변형을 가져오는 뇌관은 물질과 정신상태 모두가 관련한다는 것을 강조했습니다.

영국 이스트앵글리어 대학의 앤드류 챈트리(Andrew Chantry) 박사는 2011년 1월 24일자 영국 BBC 인터넷에 발표한 논문을 통하여 "암 세포 속의 WWP2(유전자)가 Smad7(유전자)을 분해하면 암 세포는 다른 곳으로 전이가 가능해진다"는 것을 실험으로 증명했습니다. 즉 이렇게 유전자가 암의 발생을 유도하며 전이까지도 유도한다는 사실을 증명하면서 암을 정복하기 위해 유전자 연구에 더욱 몰두하게 되었습니다.

여러 유전학자들의 연구에 연이어 새로운 발표들이 나오면서 국제암유전자컨소시엄(International Cancer Genome Consortium)도 25,000종의 종양 발생 유전자를 발표하기에 이르러 암의 원인은 유전자라는 데 결론을 맺었습니다. 유전자는 창조와 동시에 사람에게 주어진 복임을 명심하고 유전자가 자리하고 있는 염색체의 받침대가 힘을 얻는 믿음 앞으로 찬송하며 나아가야 하겠습니다.

4. 암 세포는 불사세포(不死細胞)이다

눈부시게 발달한 암 표준치료가 어째서 만족할 만한 효과를 올리지 못하고 있을까요? 대답은 간단합니다. 현대의학은 암 세포가 자연사 하지 않는 불사세포(不死細胞)이기 때문에 암세포를 파괴하고 절제하는 데 중점을 둔 치료를 해 왔습니다. 암 세포도 그것이 본래는 정상세포였기에 자생력 유전자(Human DNA Repair gene)만 활성상태이면 세포의 변이를 다시 원상으로 돌아오게 하는 가역성(可逆性, Reversibility)이 있다는 것을 깨닫기 시작한 것은 최근에 와서입니다. 암은 인간의 생명을 창출한 유전자가 주위 환경의 변화로 원형을 잃고 변이가 생겨 생리작용을 제대로 할 수 없게 된 병입니다.

우리가 평균 수명까지 살아갈 경우, 암에 걸릴 확률은 남자는 3명 중 1명, 여자는 4명 중 1명이라고 합니다. 그러나 사람들이 성경을 멀리하고 하나님과 더 멀어지고, 영성치유(靈性治癒)를 도외시하며, 3차원 물질 치료에만 의지하고, 교회가 앞으로도 계속 예수님이 명하신 치유사역을 실행하지 않는다면, 암을 포함한 질병의 희생자는 더 많아질 것입니다. 암을 극복하기 위해 지난 수십 년 동안 발전한 과학적 치료가 개발되었으나, 아직도 암의 원인 치료에는 요원하여 획기적인 효과는 거두지 못하고 있습니다. 이는 암 세포를 없애는 데에만 주력하였고, 암 세포를 다시 원형세포로 회복시키는 치료는 생각도 못했기 때문입니다.

현재 치료방식은 현존하는 암 세포의 수를 감소시킬 수는 있으나, 암 세포를 만들어 내는 암 줄기세포를 없애지는 못하여 새로운 암 세포가 계속 생겨나고 있습니다. 암세포 박멸작전은 환자가 생명을 잃는 순간까지 계속되어 왔고, 수술에 뒤따르는 극심한 신체적 장애와 항암제의 독성과 부작용으로 인해 많은 고통을 받아야만 했으며, 생명을 잃은 환자도 있습니다.

5. 세포는 매일 자연사(自然死)한다

　우리 몸의 모든 세포는 일정한 수명이 있습니다. 매일 약 650억 개의 세포가 자연사(自然死) 하고 있으며, 죽은 세포는 즉시 처리되고 그 자리는 즉시 줄기세포에 의해 신생세포로 채워집니다. 이와 같이 엄청난 변화가 진행되고 있으나 사람들은 전혀 이것을 느끼지도 못하고 있습니다. 왜냐하면 이와 같은 신체작용은 사람의 뜻에 의하여 진행하고 있지 않으며, 이 작용은 창조주의 설계대로 유전자가 집행하고 있기 때문입니다. 그러므로 사람은 자신의 "실제나이"(호적상 나이)와 같이 늙은 세포는 우리 몸속에는 없습니다. 정상적으로 이렇게 천문학적 숫자의 세포가 자연사 하고 있으므로 만일에 우리 몸에 새로운 세포를 만들어 내는 줄기세포가 없었더라면 사람의 몸은 매일 매일 그 크기가 줄어들어서 사멸하고 말았을 것입니다. 어린이가 부쩍부쩍 크는 것은 줄기세포가 죽는 세포보다 더 많은 세포를 만들어 내기 때문이고, 늙은이가 점점 쪼글쪼글 작아지는 것은 줄기세포의 기능이 감퇴하여 자연사 하는 세포의 수를 회복하지 못하기 때문입니다.

미국 캘리포니아 라욜라(La Jolla) 대학의 더글러스 그린 (Douglas R. Green) 교수는 자연사 하는 세포가 탐식세포에 의해 바로 처리되지 못할 경우 병의 원인이 됨을 밝혀냈습니다.

"자연사 하는 세포는 면역세포의 한 종류인 탐식세포가 바로 삼켜 버려 그 죽은 세포의 시체를 검출할 수가 없으나, 만일 탐식세포에 의해 처리되지 못하고 혈액 속을 순환하면 시간이 갈수록 부패하여 그 시체는 매우 강력한 독작용(毒作用)으로 신체에 무서운 해독을 끼친다."[28]

버지니아 대학의 엘리어트(M. R. Eliott) 교수는 자연사(自然死, Programed Cell Death) 한 세포의 시체가 죽은 후 즉시 처리되는 과정을 연구했습니다. 그 결과, 자연사한 정상세포의 시체는 자신을 빨리 처리해 달라는 신호분자(信號分子)를 만드는 유전자에 의해 'ATP/UTP'라 불리는 '뉴크레오티드(nucleotide)'를 방출하여 탐식(貪食)세포의 세포시체 청소 작업을 유도하고 있음을 밝혀냈습니다.[29] 죽은 세포의 시체는 죽음과 동시에 탐식세포가 삼켜 버려 인체는 아무런 지장을 받지 않습니다. 이 기막힌 작용도 역시 유전자

---

28) Douglas R. Green, *Nature*, 2001-7-12, vol:412, p.133.
29) M. R. Eliott, Nucleotide released by apoptptic cells act as a fin-me signal to promote phagocytic clearance. *Nature*, vol 461, no, 7261, 2009-9-10, p, 282~286.
　Standfirst: http://forcast.emailalert.jp/c/ab3Xag1YgwdM41aP
　Article: http://forcast.emailalert.jp/c/ab3Xag1YgwdM41aQ

의 작동으로 이루어지고 있습니다.

위의 논문이 발표되고 1년 후, 버지니아 대학 킨첸(J M Kinchen) 교수와 라비챈드론(K S Ravichandron) 교수팀이 발표한 논문은 죽은 세포를 처리하는 탐식세포의 작용을 관장하는 유전자를 다음과 같이 밝혔습니다.

"다세포생물(多細胞生物)에서는 수명이 다한 세포의 자연사는 일생 동안 계속되고 있다. 죽은 세포의 제거장해(除去障害)는 경할 경우에 자가면역질환(自家免疫疾患)을 유발하며, 심할 경우에는 극심한 신체독(身體毒)으로 사람의 죽음을 초래하기도 한다."[30]

이번 연구에서 유전자의 하나인 SAND-1 인자(因子)가 CCZ-1과 결합(結合)하여 죽은 세포를 처리하는 작용을 확인했습니다. 죽은 세포와 접촉한 탐식세포는 세포의 식작용(食作用)으로 먹이를 둘러싸서 삼키기 위하여 생긴 액체분자(液體分子)인 파고좀(phagosome)의 저분자량(低分子量) 효소인 GTP가수분해효소(GTPase), 작은 GTP가수분해효소 RAB-5를 동원하여 탐식을 완료한다는 작용기전을 밝혔습니다. 즉 두 개의 유전자가 탐식세포로 하여금 죽은 세포를 처리하게 작동한다는 사실을 확인하고, 이것 역시 선천적으로 입력된 조물주의 4차원의 유전자의 작용임을 확인했습니다.

---

30) J M Kinchen & K S Rravichandron, Identification of two evolutionarily conserved genes regulating processing of engulfed apoptotic cells. *Nature*, vol 464, no. 7289, 2010-4-1, p-778,~782

　Abstract: http://forcast.emailalert.jp/c/ac1HagtfjYle66bD

　Article: http://forcast.emailalert.jp/c/ac1HagtfjYle66bE

6. 암의 표준치료 중 불충분한 몇 가지 요건

　　현재 진행하고 있는 암의 표준치료 중에 효과적이기는 하지만 만족할 수 없는 치료의 하나로는 '화학항암(抗癌) 치료'와 '재래식 방사선 치료'를 들 수 있습니다. 이 두 가지 치료는 확실하게 엄청난 위력으로 암 세포를 파괴하므로 치료 후에는 암 조직의 크기가 현저하게 축소됩니다. 그러므로 주치의가 같은 치료를 다시 거듭할 계획을 세우는 것은 너무나 당연합니다. 물론 치료를 받은 환자가 치료를 받고도 몸에 아무런 부작용이나 고통을 느끼지 않는다면 응당 그 치료를 계속해야 할 것입니다.

　　그러나 만일에 치료를 받고 나서 견디기 어려운 신체의 고통과 부작용을 나타낸다면 그 고통의 정도가 가벼워지기도 전에 같은 치료를 이어서 계속하는 것은 재고할 필요가 있습니다. 왜냐하면 강력한 화학항암 치료나 재래식 방사선 치료로 박멸당한 암 세포는 그 유전자에 변이가 생겨서 정상세포가 자연사 할 때 방출하는 신호물질인 ATP/UTP를 방출하지 못하기 때문입니다. 따라서 탐식세포로 하여금 자신을 처리해 달라는 신호를 전달할 수 없게 되어 치료 때 생긴 세포의 시체처리가 순조롭게 이루어지지 못합니다. 결국 암 세포 시체는 체내에서 부패하여 강력한 독작용이 일어나 환자에게 여러 가지 어려운 부작용을 나타냅니다. 심할 경우에는 생명을 위협합니다.

이상의 논문들이 밝힌 바와 같이 생명과학은 우리의 생명을 정상으로 운영하는 데는 빠짐없이 4차원의 초능력을 간직한 피조물인 유전자가 관여하고 있음을 증거하고 있습니다. 지금까지 알지 못했던 유전자의 새로운 작용기전이 암의 치료에 지대한 영향을 미쳐 치료 방향을 바로잡는 길잡이가 되었습니다. 그 결과 현행 암 치료 방법의 교정을 제안하는 학자가 등장했습니다.

미국 템파 플로리다의 모피트 암 연구소(Moffitt Cancer Center)의 로버트 가텐바이(Robert A. Gatenby) 교수는 "현행 암 치료의 방향을 교정해야 한다(A change of strategy in the war on cancer)"라는 논문에서 다음과 같은 주장을 했습니다.

"암세포를 완전히 없애려고 하기보다는 암의 증식과 전이를 억제하면서 안전성 있는 크기를 유지하는 조심성 있는 배려가 필요하다. 세포에 강력한 독성을 주는 치료보다는 안전한 치료법을 디자인해야 한다. 물론 이것은 쉬운 일은 아니다. 그러나 암 치료를 담당하고 그 최선의 방법을 연구하는 학자들은 암 세포가 단 한 번의 강력한 항암 치료에서도 저항성을 획득하며, 강력한 독성이 있는 공격을 당한 암 세포는 혁명적으로 강한 저항성을 갖는 암 세포를 증식한다는 사실을 기억해야 한다. 이와 같은 저항성을 가지는 기전을 억제하거나, 저항성을 획득하는 기전을 제거하여야 할 것이다. 독성이 강한 암 치료를 가할 경우, 저항성을 키운 암 세포는 증가하고, 저항성을 가지지 못한 정상세포는 죽는다. 예를 들어 침략적인 암 치료 방법인 화학항암제 투여의 경우, 많은 암 세포가 죽는다. 그러나 저항성을 가진 암 세포들은 마구 증가하기 시작한다. 그러므로 다량의 항암제를 쓸 경우, 종양이 다음 치료에 둔감해질 우려가 있음을 말해 주고 있다."

가텐바이 교수는 항암 치료의 강행을 심사숙고해야 하며, 될 수 있으면 그 길을 피하라고 권유하고 있습니다.[31]

2011년 4월 1일자 《중앙일보》 8면 '스페셜'란에는 미국의 유명한 암 전문병원인 MD 앤더슨 병원 출신인 우리나라 국립암센터 원장 이진수 박사의 암 치료 지침에 관한 특별 기고가 실렸습니다.

"암은 죽을 병이 아니라 만성병이다. 위, 간, 폐, 자궁암 치료에 한국은 이미 선진국 수준에 와 있다. 미국까지 치료 받으러 갈 필요

---

31) Robert A. Gatenby, A change of strategy in the war on cancer, *Nature*, vol:459, 2009-5-28, p.508~509.

가 있는가? 환자에게 독이 될 수 있거나 부작용이 심할 것 같으면 아무것도 하지 않는다. 치료하지 않는 것이 치료인 셈이다."

이진수 박사는 현재까지 시행해 왔던 치료 중에 부작용인 독성이 심한 치료는 삼가는 것이 좋다고 권유하고 있습니다. 우리나라의 모든 암 주치의가 모두 이렇게 신중한 암 치료를 고려했으면 좋겠습니다.

암 전문의들은 항산화제가 암 세포의 증식을 촉진하는 원치 않는 부작용이 도사리고 있는 것을 모르고 암 환자에게 항산화제를 적극 권장해 왔습니다. 항산화제를 권장하게 된 학술적 근거는 1996년 《American Journal of Clinical Nutrition》에 데미트리우스 알바네스(Demetrius Albanes) 등이 "암 예방에 있어서 알파 토코페롤 베타 카로텐의 효과에 대한 연구(Effects of Alpha-Tocopherol, Beta Carotene Cancer Prevention Study)"라는 논문이 발표한 후부터 모든 암 환자에게 항산화제는 권장되어 왔습니다.

그 후, 하버드 대학 자카리 샤퍼(Zachary T. Schafer) 교수와 다나 화버 암연구소 자카리 거하트-하인즈(Zachary Gerhart-Hines) 박사, 그리고 존스 홉킨스 대학의 한나 아이리(Hanna Y. Irie) 교수 등 세 학자들이 공동으로 연구하여 항산화제는 발암인자(發癌因子)가 하는 작용과 마찬가지로 지방산(脂肪酸)을 산화(酸化)하여 암 세포의 에너지를 높여 암 세포 형성을 간접적으로 촉진하

고 있음을 발견했습니다. 그들은 이 연구결과를 담은 논문을 2009
년 3월에 제출하여 7월 6일에 학계의 심사를 거쳐 9월 3일에 논문
이 발표되었습니다. 이 논문은 암 치료와 예방에 중요한 가치가 있
음을 인정받아 널리 보급되었습니다. 그 결과 그때까지 널리 권장
해 온 항산화제를 더 이상 암환자에게 권장할 수 없음을 깨닫게 해
주었습니다.[32]

이상에서와 같이 지금까지 시행해 온 항암 치료가 모두 적합하고
안전한 치료는 아니었습니다. 계속해서 새로운 치료방법이 연구되
고 제안되고 있어 기대가 됩니다.

32) Zachary T. Schafer, & Zachary Gerhart-Hines, & Hanna Y. Irie
    Antioxident and oncogene rescue of metabolic defects caused bychment
loss of matrix atta. *Nature*, vol 461, 2009-9-3, p 109~103
    Standfirst: http://forcast.emailalert.jp/c/ab2Gag2kz7u8gAaV
Article: http://forcast.emailalert.jp/c/ab2Gag2kz7u8gAaW

7. 암으로 죽는 암 환자는 생각보다 많지 않다

　　2010년 3월 1일자 《아시아경제》 신범수 기자는 국립암센터 윤영호, 신동욱 박사 팀이 의학저널 《Cancer Cause Control》 온라인판에 최근 발표한 논문을 기사로 소개했습니다. 이 논문에 따르면, 암 진단 후 5년 이상 생존하다 사망한 사람들 중 24%는 뇌혈관 질환 등 암 외의 질병에 의해 사망한 것으로 조사되었습니다.

　　암 환자의 실제 사망원인 중에 상당수는 암이 아닌 다른 질병으로 조사되었습니다. 구체적으로 어떤 질병으로 사망하는가를 확인해 보니, 뇌혈관 질환이 18.5%로 가장 높았고, 다음으로 당뇨병이 7.8%, 심근경색 등 허혈성 심장질환이 6.8%, 자살이 6.2% 순서였습니다. 가장 특징적인 발견은 연령별로 암 이외의 원인으로 사망하는 비율입니다. 25~29세 암 환자 사망률은 동일 연령의 정상인에 비해 2.5배가 높았습니다. 50~54세는 정상인과 별로 차이가 없었으며, 70~79세는 정상인보다 22%가 낮았습니다. 이렇게 젊은 암 환자의 사망률이 더 높은 것은 "젊은 사람은 항암 치료를 매우 강하게 받는 경향이 있다는 점이며, 유전자에 취약성을 가지고 출생했다"는 점도 인정되고 있습니다.

여기서 한 가지 반드시 짚고 넘어가야 할 것은 암의 치료를 지나치게 서둘러서 자신을 어려운 상황으로 유도하여 사망을 불러들였다는 안타까운 결과입니다. 특히 화학항암제 치료를 자신이 견디어 낼 수 있는 수준을 넘어서 강행군을 했을 때 오는 결과입니다. 주치의는 가장 효과적인 항암제를 선택하여 치료를 시행하며, 그 결과로 나타나는 암 조직이 얼마나 작아지느냐를 예의 관찰하고, 그 효과가 나타났을 때에는 환자를 속히 암에서 해방하기 위해 다음 항암제 투약을 계획합니다.

의사는 항암제로 오는 부작용의 어려움을 전혀 자신의 몸으로 느끼고 있지 않으므로 환자가 얼마나 힘든 상태에 놓여 있는지를 정확히 알 수는 없습니다. 따라서 환자 자신이 자신의 상태를 정확하게 주치의에게 알려야만 합니다. 주치의가 환자 상태를 정확히만 파악한다면 누가 무리한 시술을 강행하겠습니까? 실패하는 책임은 환자에게도 있다는 것을 알아야 하겠습니다. 절대로 서두르지 말아야 합니다.

8. 암을 이기려면 현대 의학 치료와 전인치유를 겸하라

2007년 12월 12일, 미국 샌프란시스코 《이스트베이 익스프레스(East Bay Express)》지에 로렌스 버클리 국립연구소(Lawrence Berkeley National Laboratory)의 미나 미셀(Mina Bissell) 박사에 대해 쓴 "세포의 외부환경을 생각하라!(Thinking Outside the Cell!)"이라는 제목의 기사가 실렸습니다.

"지난 수십 년간 과학자들은 미나 비슬을 무시해 왔다. 그러나 이제는 그녀의 암에 대한 통찰력이 암에 대한 이해와 치료법에 혁명적인 변화를 가져오게 되었다."

생명과학자 미나 비쓸은 다음과 같이 주장했습니다.

"암은 유전자의 변이가 없이는 시작하지 않는 것은 사실이지만, 그 유전자의 변이로 인해 암으로 발전하려면 세포의 발생(發生) 성장(成長)의 기반인 세포 외부 환경(外部環境)이 결정적으로 영향을 미쳐야 한다. 즉 세포가 유전자의 변이를 가지고 있으면서도 세포의 외부 환경인 3차원의 물질 및 4차원의 정신 상태의 영향이 세포 내부에 전달되지 않거나, 영향이 개선될 경우에 암은 시작하지 않는다. 즉 유전자의 변이는 존속하면서도 암으로 발전하지 못하며, 암으로 발전했던 세포도 세포의 발생 성장의 기반이 개선되면 정상 세포로 돌아올 수도 있다."

이것을 '세포의 가역성(可逆性-Reversibility)'이라고 합니다. 이 새로운 발견은 유전자 변이가 암의 원인이라고 단정했던 학설을 넘어서 세포외부 환경의 영향이 암 발생의 '뇌관(trigger point)'이라는 암 발생 원리를 알게 되었습니다. 기존 학설과 이 새로운 학설은 함께 연구가 진행되어야 암 치료에 혁명적인 변화를 가져올 수 있을 뿐 아니라 모든 질병의 원인 설명에도 가히 혁명적인 진전을 볼 수 있을 것입니다. 이 새로운 학설이 인정을 받게 되면서 미국 국립암연구소도 이 세포 외부 환경 연구에 몰입하고 있습니다. 《네이처》지 역시 이 문제를 생리학의 새 특종으로 인정하여 이 이론을 주장한 미나 비셀을 진정한 선구자로 높이 평가하고, 막대한 연구비를 매년 쏟아 넣고 있습니다.

세포의 가역성은 마음의 안정이 가장 중요하게 작용합니다. 마음이 죽음의 공포로부터 해방되고 마음을 비운 채 걱정을 벗어버리면 의지할 곳을 찾아 안정상태로 돌아오는 과정은 참다운 믿음의 확신이 없이는 절대로 불가능합니다. 우리 주위에서 이러한 실례를 많이 보고 있습니다. 그 실례를 하나 든다면 2009년 6월 11일자 KBS-1TV "생로병사"(홍진선 PD) 시간에 방영된 예를 보면 알 수 있습니다.

1. 전시균 씨: 남, 42세. 2007년 간암 말기 판정을 받고 5개월 밖에 살 수 없다는 진단을 받은 후, 표준치료를 받았으나 호전되지 못하여 숲을 찾은지 3년이 되었다. 정상인의 500배까지 치솟았던 간 수치가 현재는 정상으로 돌아왔으며, 퇴원하여 산으로 들어갈 때 있었던 9cm의 암 덩어리는 완전히 사라졌고 주치의로부터 완치 판정을 받았음.

2. 최윤호 씨: 남, 50세. 장암이 간으로 전이하여 수술, 방사선 치료, 항암화학요법 모두 별무 효과로 퇴원한 후, 주말마다 1박 2일로 숲을 찾은 지 4년. 주치의로부터 완치 판정을 받음.

3. 이현구 씨: 남, 65세. 악성 중피종(암) 말기 판정을 받고 치료를 포기하고 숲을 찾은지 4년. 지금은 완치 판정을 받고 매일 10킬로미터의 숲을 산책 중.

이와 같은 사례의 실례는 비단 KBS-TV 뿐만 아니라 우리나라의 모든 TV방송사들이 방송을 하고 있습니다. 이런 환자들은 모두 현대 의학의 암 전문 병원에서 정밀한 검진을 통하여 암으로 진단을 받고 주치의의 면밀한 치료 계획에 순종하면서 치료를 계속하였으나 소기의 성과를 얻지 못하고 치료가 불가능하다는 판정을 받았습니다. 결국 그들은 조용한 임종을 맞기 위해 퇴원한 사람들이었습니다. 그들은 퇴원한 후에 암의 치료를 위해 다른 진료를 받은 적도 없었습니다. 다만 더 이상 가족에게 고통을 주지 않기 위해 자진해서 산속으로 들어가 조용히 생을 마치고자 했습니다. 이렇게 비장한 결심을 하고 나니 더 이상 암과 투쟁할 의지도 사라져 버렸습니다.

아무 미련 없이 살아 있는 동안 산속의 무공해 나물들을 열심히 뜯어 먹고, 피톤치드가 충만한 공기만을 마시며, 개울에 졸졸 흐르는 깨끗한 물을 마셨습니다. 생전 처음 느끼는 산의 정기와 아름다운 새소리를 벗 삼아 잠을 청하곤 했습니다. 대자연과 함께하는 새로운 생활을 하다 보니 자신도 모르는 사이에 머릿속을 채웠던 암에 대한 공포심이 자취도 없이 사라진 심리 상태에 놓이게 되었을 것입니다.

이와 같은 변화가 바로 환자의 정상 세포를 암으로 밀어붙여서 잘못되었던 세포의 외부 환경을 정상 상태로 돌려놓게 되는 것입니다. 결국 창조주가 주신 '세포의 가역성'이 활성화되어 암 세포는 모두 정상 세포로 돌아오게 됩니다. 이 환자는 산 속에서 아무런 치료도 받지 않았습니다. 그런데 다시 암센터의 주치의를 찾아와서 검사를 했더니 암은 사라져 버렸습니다.

이와 같은 실례를 보면서 암 치료의 전략은 달라져야 한다고 말하고 싶습니다. 암 치료 병원에서 계획된 1차 치료를 마친 환자는 바로 대자연 속에 위치한 '전인치유센터'로 옮겨서 다음과 같은 '영성치유'와 '생체학적 자연치유'를 받게 하고, 전신 상태가 호전되면 즉시 병원으로 재입원하여 계획된 2차 치료로 들어감이 환자를 위해서 도움이 되는 길이라고 사료됩니다.

환자가 1차 치료를 마치고 대자연 속에 위치한 전인치유센터로 옮기면 이와 같은 이점이 있습니다.

1. 고도로 발달한 생명과학을 실행에 옮기는 병원은 마치 거대한 기계와도 같다. 병원에서 기계적인 체제의 한 부속과 같이 엄청난 압력으로 요구해 오는 모든 지시를 순종하면서도 자신의 운명의 앞을 예견할 수 없어서 불안을 떨쳐 버리지 못하고 지낸다. 드디어 1차 치료를 마치고 쾌적한 자연환경 속의 치유선교센터로 옮겨지면 말기 암의 환자라는 공포감에서 멀어지는 심리적 효과를 얻게 되고, 병원에서 발생하는 2차 감염에서도 해방된다.

2. 전인치유선교센터로 가면 병원에서 항상 불안하던 주위 환경은 전혀 없다. 먼저 가 있는 환우들의 반가운 환대와 그들의 맑은 표정을 보면서 나도 모르게 "아, 참 여기에 오기를 잘했다."라는 마음의 안정을 찾게 되고 죽음의 공포가 사라지면서 심리적 안정 상태에 들어간다.

3. 사람은 창조주에 대한 믿음만 확립된다면 병든 자신의 유전자와 세포를 정상으로 되돌려 놓을 수 있는 자생력 유전자를 가지고 태어난다는 교육이 진행되면서 서서히 믿음에 대한 확신이 서면 더욱 안정감을 찾는다.

4. 대자연 속으로의 산책은 창조주의 초능력을 새삼 새롭게 느끼게 되며, 이제까지는 경험하지 못했던 자연 속에서의 쉼에서 오는 심리적 되먹이 작용(Bio-feed back)은 1차 치료에서 얻었던 신체적 손상을 속히 회복하여 준다.

이상과 같은 자연 속에서의 치유를 '전인치유'라고 합니다. 이제 암은 조기진단이 가능해졌습니다. 진단과정에서 '바이오 마커(biomarker)'를 찾아내고 다음은 환자의 적응성을 판별하여 안전하고 새로운 표적항암제(標的抗癌劑) 치료에 들어가야 합니다.

2011년 6월 7일, 미국 시카고 맥코믹 센터에서 열린 미국임상종양학회(ASCO)에서 연세의대 종양내과 박병주 교수는 새로운 논문을 발표했습니다.

"위암 수술환자에게 먹는 표적항암제(맞춤항암제) 젤로다와 주사형 항암제 엘록사틴을 투약했더니 생존율이 약 23% 올라갔다."

이 논문은 2011년 우수논문상(Best of ASCO)으로 발탁되었습니다.

현재 매우 효과적으로 부작용 없이 암 세포만을 골라서 파괴하는 표적항암제는 다음과 같은 새로운 약이 있습니다.

만성골수성백혈병: 글리벡(Gleevec)

폐암: 크리조티닙(Crizotinib), 바코마티닙

위암: 허셉틴(Herceptin), 올라파립

유방암: 라파티닙(Lapatinib)

간암: 엑시티닙(Axitinib)

다중표적항암제: 넥사바(Nexavar)

항암 치료 보조제: 에멘드(Emend- 항암 치료의 부작용인 구토를 억제)

이 임상시험은 세계위암학회장이자 서울대 외과 노성훈 교수와 연세의대 종양내과 방영주 교수가 공동으로 2005년부터 2012년까지 '클래식(CLASSIC)'이란 명칭으로 한국, 대만, 중국에서 위암 2~3기 판정을 받은 환자 1,035명을 대상으로 진행한 결과로 얻은 성과입니다. 이렇게 우리나라의 표적항암제 치료는 세계 수준의 앞을 가고 있는 데도 어째서 많은 암 환자가 이 치료를 받아보지 못하고 영민했을까요? 이와 같은 새로운 안전한 치료를 주치의가 권장했는데도 환자가 거부했을까요?

또 하나는 어째서 암 세포만을 선택적으로 파괴하며 부작용도 없는 새로운 방사선 치료를 받지 않았을까요? 새로운 방사선 치료가 가능해졌으며 우리나라에도 많은 병원에 이 새로운 방사선 치료기가 설치되었습니다. 이 새로운 방사선은 360도에서 암 세포를 향해 쏘아져 초점인 암 세포에 다다르기 전까지는 전혀 정상 세포를 파괴하지 않다가 초점에 다다르면 한 점으로 되어 강력한 파괴력을 나타내어 암 세포만을 선택적으로 파괴합니다. 그 다음에 다시 360도로 분산되어 정상 세포에는 아무런 영향을 미치지 않습니다. 이 방사선 치료는 암 세포만을 없애는 유일한 치료로서 60~70%의 완치를 목표로 하며, 전이된 암으로 야기되는 통증과 신경증상은 약 90% 치료가 가능합니다. 그런데 이렇게 좋은 방사선 치료를 우리나라의 암 환자가 받는 현황은 2010년 5월 현재의 통계에 의하면 다음과 같습니다.

유방암: 23%

소화기암: 20%

전이성암: 18%

흉부(폐암): 13%

두경부암: 6%

부인과(자궁경부암): 6%

뇌신경종암: 3%

안전하고, 효과적인 치료가 새로 나왔다는 설명을 들어 알았으면서도 돈이 없어 영안실로 간 한 많은 사람은 없었을까요? 이런 사람에게 경제적 도움을 준 교회는 얼마나 될까요? 예수님이 명하신 치유사역을 교단본부 주최로 운영하여 모든 환자에게 주님의 치유 은사와 사랑을 전할 수 있다면 얼마나 좋을까요? 왜 이런 기관이 없을까요? 주님은 이런 세상을 알지 못하실까요? 참으로 안타깝고 두렵습니다.

제 6장
치유선교운동으로 '에덴'으로 돌아가자

앞에서 읽어 내려온 모든 글은 치유사역의 이론적, 과학적, 임상적, 그리고 성경적 타당성을 풀어 왔습니다. 이 시대에 믿는 자로서 반드시 실행에 옮겨야 할 사명이 '치유선교사역'이라는 깨달음을 얻었으므로 왜 치유선교사역이 필수적이며, 어떻게 치유사역을 펼쳐나아갈지를 논하여 결론지으려 합니다.

주님이 부르신다. 1,004명의 천사(天使)를! 천사치유사역 (Angels Healing Mission)으로!

당신은 저 우렁찬 하나님의 음성이 들리십니까?

1,004명의 인간 천사를 찾으시는 주님의 음성이 들리십니까?

암으로, 불치병으로 신음하며 치유의 은사를 애타게 찾는 환우들의 음성이 들리십니까?

한국 기독교를 비판하는 민중의 요란한 고함 소리가 들리십니

까?

"나를 따르라"고 하신 예수님의 말씀을 잊으셨습니까?

다음의 성경 구절을 먼저 읽고 넘어갑시다.

"나더러 주여 주여 하는 자마다 천국에 들어갈 것이 아니요 다만 하늘에 계신 내 아버지의 뜻대로 행하는 자라야 들어가리라."(마 7:21)

"예수께서 이르시되 (나를 따르라) 손에 쟁기를 잡고 뒤를 돌아보는 자는 하나님의 나라에 합당하지 아니하니라 하시니라."(눅 9:62)

1. 한국 개신교는 민중의 신임을 잃었을까?

　아닙니다. 그렇지 않습니다. 여호와의 택함을 받은 이스라엘 민족은 광야 40년의 시련을 받았습니다. 어디를 돌아봐도 생명체가 보이지 않는 죽음의 땅에서 오직 주님만을 의지하면 살아남을 수 있다는 진리를 터득했습니다. 마찬가지로 여호와의 택함을 받은 우리 민족의 교회는 일제 식민통치의 36년과 6.25 전쟁 후 휴전협정이 체결되고 64년, 합쳐서 100년의 시련을 거쳐 이제야 정금같이 빛을 내기 시작했습니다.

　한국 개신교는 해방과 더불어 부흥하기 시작하여 세계에 유례없는 성장을 했습니다. 이 성장에는 물론 목회자의 공로를 빼 놓을 수는 없지만, 그보다 더 근본적인 성장의 원동력은 여호와의 선택을 받았기 때문입니다. 여호와의 선택을 받으면 사람이나 교회나 모두 한 번은 반드시 시련을 거쳐야 합니다. 여호와께서는 세계적으로 쇠퇴의 일로를 걷고 있는 개신교를 다시 세우기 위한 받침돌로 한국교회를 선택하신 것이 틀림없습니다. 그래서 그 시련을 겪는 동안 많은 교회는 시행착오를 연출했습니다. 그래서 민중의 비난도 받았습니다.

한국교회는 주님이 본을 보이신 가르치고, 복음전파하고, 치유하는 3대 사역 중에 말씀을 가르치는 성경공부는 불과 같이 타올랐으며, 복음전파에 있어서도 전 세계로 선교사를 파송하는데 세계 모든 교회보다 앞장서 있습니다. 그 표본으로 경기도 일산에 위치한 '거룩한 빛 광성교회'가 있습니다. 거룩한빛광성교회를 인도하시는 정성진 목사는 개척교회로부터 15년 사이에 참으로 놀랄 만한 부흥을 하였으며, 현재 섬기는 지체로 1) NCC선교훈련원을 비롯하여 국내 기관 48개소, 2) 군경선교 5개소, 3) 해외선교파송 18개소, 4) 해외선교 협력 22개소, 5) 개척한 자매교회 12개소, 6) 작은교회 살리기 12교회를 지원하고 있습니다. 새 신자들은 계속해서 등록을 하고 있어 예배시간마다 서서 예배를 드려야 하는 형편으로 교회를 확장해야 할 형편입니다. 거룩한 빛 광성교회가 성장하는 저변에는 모든 헌금과 교회재정 운영이 균형 있게 주님이 명하신 3대 사역에 쓰이는데 당회장 목사의 간섭 없이 당회가 투명하게 처리하고, 세상에 나가 모든 사람을 제자 삼고 그 영혼을 구원하라(마 28:16)는 주님의 말씀대로 실천하고 있기 때문입니다. 이처럼 교회가 너무나 환한 빛으로 세상에 본이 되어 믿음이 없던 사람들도 우리도 저렇게 살아야겠다고 생각을 바꾸어 모여들고 있습니다. 특히 얼마 있지 못하고 세상을 떠나야 할 노인들 중에 아직도 주님을 영접하지 못하고 있는 현실이 안타까워 지역노인복지회관을 운영하여 많은 영혼이 주님 나라로 돌아오는 선교를 묵묵히 펼치고 있습니다.

또 하나 본받아야 할 교회는 안도현 목사가 인도하시는 아름다운 교회입니다. 안도현 목사는 교회가 도시계획으로 헐리고, 논 가운데에 천막을 치고 선교활동을 하시면서도 큰 교회를 새로 건축하기에 앞서 주님이 명하신 치유사역에 순종하기 위해 강원도 오대산 자락에 치유선교센터를 건립하고 환자들에게 실비 봉사를 하면서 안수치유의 은사를 베풀고 있습니다. 정성을 다해 믿음이 병을 물리친다는 주님의 말씀을 손수 증명하면서 새 교회를 건축하여 새로운 신자가 모여들고 있습니다.

또 하나의 표본으로는 주님의 택하심을 받아 영성치유선교로 믿음만이 건강을 되찾을 수 있다고 가르친 예수님의 확실한 증거를 몸소 실천으로 보여 주면서 주님이 본을 보이신 "네 믿음이 너를 낫게 하였느니라"고 하신 성경 말씀을 환자가 직접 체험할 수 있도록 실천하고 있는 '기독교 보성 전인치유선교센터'(원장 이박행 목사)입니다.

우리나라의 치유사역 전문가로서는 아무도 없는 산속에서 시작하여 많은 역경을 참아내고 오직 주님의 음성만을 따라 실천에 옮기고 있는 이박행 목사, 강원도 홍천군 내면 광원리에서 '사랑이 있는 마을'을 운영하시는 안도현 목사, 그리고 강원도 횡성에 '사랑의 치유선교센터'를 건립 중에 있으며 '호스피스전인치유' 활동으로 치유의 은사를 베풀고 있는 박남규 목사를 들 수 있습니다. 이 외에도 수많은 목사님들이 묵묵히 치유선교를 펼치고 있습니다.

이렇게 시련의 시기를 마치는 한국교회가 정금 같이 빛을 내기 시작하고 있는데, 한편에서는 교회를 대형화하여 세계에서 가장 큰 교회를 짓기 시작했습니다. 큰 교회를 짓는데 무슨 잘못이 있겠습니까? 그러나 교회가 의무적으로 실행해야 할 3대 사역을 모두 마쳤다면, 그때는 전 세계를 한 지붕으로 뒤덮을 수 있는 크고 큰 교회를 지어 이 세상을 뜻이 하늘에서 이루어진 것 같이 온 땅에 하늘나라를 건설하는 아름다운 행군이 시작되어야 하겠지요. 그런데 어쩐 일인지 사람들은 빈축을 하며 시기하기 시작했습니다.

2011년 8월 4일자 인터넷에는 다음과 같은 글과 웅장하고 화려한 교회의 사진이 실렸습니다. 그리고 다음과 같은 글이 사람들의 눈을 끌었습니다.

"세계를 놀라게 한 거대한 교회 건축물들!! 니네가 지금 쌓아야 하는 것은 모래 위에 거대한 바벨탑이 아니라 신뢰라는 것……."

이렇게 대형교회 건축을 비난하면서 개신교인 모두를 '니네가'라고 하대하며 지탄하는 글이 실렸습니다. 이와 같은 시기의 소리가 터져 나오는 것은 교회가 아직은 민중의 신뢰를 주님 앞으로 집중하는 선교의 결실을 보지 못하고 있는 데 있습니다. 세계적인 호화건축에 들어간 돈은 모두 성도들의 헌금이겠지요. 헌금은 당연히 예수님이 명하신 교회의 3대 사역에 쓰여져야 할 의무가 있지 않을까요? 종교사회학자인 박영신 실천신학대학원 석좌교수는 개신교 신도가 교회를 떠나고, 교회를 외면하는 민중이 교회를 비평하는 가장 큰 이유로 "종교로서 성스러움을 잃었고, 교세 확장 등 지나치게 세속적인 외형을 추구했다"라고 지적했습니다.

그리고 《뉴스앤조이》 김종희 대표는 "한국교회의 문제를 해결하려면, 첫째로 목사와 장로의 전횡을 막을 수 있는 정관 개정을 하여 목사의 인사권 전횡, 불투명한 교회 재정 운영, 목사의 성 문제, 강단의 사유화, 원로목사와 담임목사, 목사와 장로의 갈등 등을 없애야 하며, 둘째로는 세속적 욕망을 하나님이 주신 비전으로 착각하는 것에서 벗어나기 위해 깊이 있는 성서 연구와 삶의 의미에 대한 진지한 성찰이 필요하다."라고 지적했습니다.

"한국 교회의 문제와 회복 방안"을 찾는 절실하고 안타까운 100분 토론의 내용을 "왜 기독교인은 예수를 믿지 않을까?"라는 제목으로 현재 인도의 마틴 루터 대학의 방문교수로 재직중인 김진 목사가 책을 냈습니다. 그 내용을 보면 "지금 기독교는 점점 더 사람들의 요구와 입맛에 맞는 '쉬운 기독교'를 선전하고 있다. 설교자들이 설교할 때, 예수님 말씀의 뜻을 분명하게 하기보다 슬쩍 슬쩍 비켜가게 되는데 그 이유 중 하나가 교인들의 눈치를 보기 때문이다."

라고 지적했습니다.

　이상에서 지적된 사실들은 분명히 개신교회 속에 독버섯 같이 돋아난 현실임에는 틀림없습니다. 그러나 이런 종류의 추한 꼴은 가톨릭이나 불교를 막론하고 다른 종교에서도 볼 수 있고, 인간사회 어디에서나 인간이기에 범할 수 있는 죄악들입니다. 세상 사람은 누구나 죄악에 빠질 수 있습니다. 그래서 예수께서는 베드로라는 반석 위에 교회를 세우셨습니다. 교회의 존재가치는 예수님이 행하신 모든 일을 그대로 따르는 데 있습니다. 즉 민중을 내 몸 같이 사랑하고, 가르치고, 복음을 전파하며, 병든 자와 약한 자를 고쳐줄 때, 모든 사람은 교회를 신뢰하고 주님 앞으로 나올 것입니다. 현대교회는 복음전파의 사역은 성공적으로 실행하여 교회 자체만은 번창했으나, 치유사역은 실행하고 못해 많은 병자들은 주님의 은사를 받지 못하고 있습니다. 민중과 교회는 분리되어 있는 현상입니다.

　예수께서는 치유사역으로 사람들이 자신의 힘으로는 해결할 수 없는 병고를 기적 같이 낫게 하셔서 모든 사람들로 하여금 예수가 메시아라는 믿음을 갖게 하셨습니다. 예수의 행적을 따라다니며 목격한 제자인 베드로도 "주는 그리스도시요 살아 계신 하나님의 아들이시니이다."라고 고백했습니다. 믿음이 확실하게 서는 것 또한 믿음이 병을 고치는 이적을 봄으로써 얻는 은사입니다.

　지금 이 시대의 교회와 민중의 거리를 없애고 주님의 나라를 건설하는 첫째 사명은 치유사역을 행하는 데 있습니다. 확실한 원인을 깨닫지 못하고 지엽적인 문제에 매달려 강 건너 불 보듯 평가하다가는 정말로 교회의 앞날은 어둠에 잠겨 버릴 것입니다. 더 이상 지체함이 없이 치유사역은 시작되어야 합니다. 그래야 교회의 신비성을 회복하고 민중으로 하여금 사람은 피조물이며 주님 앞에 나아가야 구원을 얻고 천국에 가리라는 희망을 되찾게 될 것입니다.

치유사역은 단순히 병을 고치는 사역이 아닙니다. 하나님이 창조하신 인체는 성령의 전이므로 믿음이 확실해지면 원형을 잃고 변형되었던 유전자는 스스로 원형으로 돌아오는 초능력으로 건강을 되찾게 됩니다. 곧 "네 믿음이 너를 낫게 하였느니라"라고 하신 주님의 말씀을 체험하게 하는 길잡이입니다. 그러므로 치유사역은 믿음에서 오는 은사를 스스로 체험하게 됨으로써 그 신비한 체험을 간증하며 전도에 앞장설 수 있게 하는 최선의 전도사역입니다.

성경은 구구 절절히 이와 같은 치유의 은사가 얼마든지 일어날수 있다는 것을 예언하고 있습니다. 앞에서 설명한 바와 같이 21세기 생명과학도 믿음으로 안정된 마음가짐이 유전자를 회복시켜 병에서 회복할 수 있음을 밝혀냈습니다. 그러므로 치유사역이야말로이 시대의 방황하는 모든 사람들을 주님 앞으로 인도할 수 있는 가장 확실한 전도의 수단입니다. 주님은 부르십니다. 지금 바로 이 치유사역으로 멸망으로 달리고 있는 이 세상을 구원하는 천사를 애타게 찾고 계십니다.

인터넷의 기독교를 비판하는 글과 사진을 보면서 참으로 착잡한 감정에 한동안 멍하니 창밖을 쳐다보았습니다. 정말로 교회가 교회 밖의 사람들의 신뢰를 얻지 못하고 있는 것일까요? 여호와를 믿는다고 자처하는 모든 사람은 성직자를 포함해서 가슴에 손을 얹고, 눈을 감고, 골고다의 십자가 위에서 피땀을 흘리시는 예수님을 쳐다보아야 합니다. 그리고 나는 예수님 앞에 떳떳한 제자인가 자문해 보십시오. 우리는 정말로 반성해야 합니다. 주님이 가장 애써 본을 보이신 치유사역(4복음서에 기록된 이적과 기사의 70%를 차지하는 예수님의 행적)을 교회가 하고 있지 않음으로 사람들의 신뢰에서 멀어지고 있습니다.

지금 이 시대에 민중의 신뢰를 얻을 수 있는 길은 큰 교회의 건물도 아니요 기독정당도 아닙니다. 예수님이 명하신 치유사역 뿐임을 깨달아야 합니다. 그만큼 큰 교회를 지을 수 있는 헌금이 들어왔으면 교회를 짓는 한편, 치유사역에도 그 헌금을 써야 하는 것이 성직자의 의무일 것입니다. 주님께서 3대 사역을 하라고 명하셨기 때문입니다. 헌금한 성도들도 주님이 원하시는 일에 쓰이도록 헌금을 했을 것입니다.

2. 지구가 생명력을 잃어가고 있다

우주 비행에 나선 어떤 우주 비행사가 점점 멀어져 가는 지구를 쳐다보면서 "아 저 아름다운 지구가 암에 걸렸구나. 그런데 지구를 좀먹는 암 세포가 바로 사람이잖아."라고 말했답니다.

하나님이 창조하신 지구는 전능하신 창조주가 보시기에도 "심히 좋았더라"(창 1 : 31)라고 찬사를 아끼지 않으셨을 만큼 아름다웠었습니다. 그랬던 지구에서 지금은 생명체가 멸종의 운명으로 치닫는 현저한 변화가 일어나고 있습니다. 이같은 사실이 모든 사람에게 감지되기 시작한 것은 19세기에 들어서면서부터였습니다.

20세기부터는 끔찍한 변화들이 연이어 나타나 생명체를 위협하기 시작했습니다. 생명의 터전인 지구를 이렇게 변화시킨 주역은 바로 사람입니다. 사람은 땅 속의 것을 끝도 없이 뽑아내고 캐내어 마음대로 이용했습니다. 생명체를 보호하는 산림을 마구잡이로 벌채하였으며, 땅을 아스팔트로 덮고, 공장과 아파트를 건설했습니다. 그 공장의 굴뚝에서는 한없이 이산화탄소를 품어내고, 사람과 함께 공생하도록 창조된 미생물이 해를 준다고 무서운 살충제를 살포하여 그들을 없애기 시작했습니다.

바다에도 변화가 시작되었습니다. 1950년 이후에 해수면 온도가 0.5℃ 이상 10℃까지도 상승하여 해류를 역류시켜 이상 기온을 초래하는 '엘리뇨(El Ni no – '아기예수'란 스페인어)'와 반대로 해수면 온도가 0.5℃ 내려가는 '라니냐(La ni a – '여자아이'란 스페인어)' 현상이 2년 내지 8년 주기로 '허리케인'을 일으키고 있습니다. 그뿐 아니라 바다를 깨끗하게 보존하는 정화조 역할을 하는 갯벌도 묻어버리고 그 땅을 이용하고 있습니다. 사람을 대량 살상할 수 있는 원자탄을 생산하여 그것으로 힘을 자랑하고 있으며, 우주를 정복한다고 우주선을 발사하여 지구를 보호하는 상층권은 변화시켰습니다. 이러는 사이에 공해가 지구를 덮어버려 지구는 몸살을 앓으면서 몸부림을 치고 있습니다.

그래서 주님은 이 세상을 구원하시려고 십자군 대열에 앞장 설 1,004명의 천사를 애타게 부르시고 계십니다. 2010년부터는 거의 끊임없이 재해가 발생하고 있습니다. 이와 같은 일련의 변화는 생명체에 이상을 초래하여 병이 만연하는 결과를 가져 왔습니다. 그런데 이 변화가 모두 자연적인 변화가 아니라 인위적이라는 데 문제의 심각성이 있습니다.

지구의 변화

지난 100년 사이에 지구의 온도는 5.8°(C) 상승했으며, 상층권의 공기의 변화와 자외선 노출 과다는 전 인류의 호흡기 질환과 피부병 발생을 높였습니다. 농경지의 산성화는 농작물 수확량이 감소됨으로 수확량을 증가하기 위해 화학비료 사용이 증가함으로써 땅은 더욱더 산성화하는 악순환을 면치 못하고 계속 악화 일로를 걷고 있습니다. 농작물의 해충을 없애려는 살충제 살포는 도를 넘어 유익한 자연계의 생물마저 멸종으로 치닫고 있습니다. 그 한 예로는 벌이 없어져 가루받이에 지장이 생겨 수확량이 눈에 띄게 감소했습니다. 그뿐 아니라 식수가 모두 오염되어 지하수, 바다 밑 물을 퍼 올리기 시작했습니다. 해마다 길어지는 우기는 모든 곡물을 영글게 하는 일조량의 감소로 이어져 해마다 농산물의 수확량이 감소하고 있습니다. 이보다 더 걱정스러운 것은 농산물의 유전자 변형입니다.

지진발생

지진(地震)의 기록을 보면, 1960년 칠레에서 진도 9.5의 지진이 발생하였으며, 2004년 12월 24일에는 '유라시아 판'과 '호주-인도 판'이 접하는 인도네시아 스마트라섬 서쪽에서 9.0의 지진이 발생하여 인도양 연안 일대를 쓰나미가 휩쓸어 약 22만 명의 인명 피해를 냈습니다. 2011년 3월 11일에는 일본 동북지방의 지진과 이에 수반한 쓰나미에 의해 원자력발전소의 시설과 설비에 심각한 피해를 주었으며, 수많은 인명 피해를 냈습니다. 이 위력을 여러분이 이해하기 쉽게 하기 위하여 풀어 본다면 다음과 같습니다. 강도 5의 지진은 원자폭탄 1개의 위력과 같습니다. 5보다 강도가 1이 높을 때는 그 위력이 약 32배 증가합니다. 만일에 강도 6의 지진이라면, 원폭 33개의 위력과 동일합니다. 강도가 9라면 $9 = 32^4$즉 원폭 100만 개의 위력과 같습니다. 이와 같은 고강도 지진이 적어도 5년을 주기로 일어날 것이라고 과학자들은 예견하고 있습니다.

북극 빙하의 소멸

북극 빙하는 약 55년 후에는 사라질 것이라고 미국항공우주국이 북극 빙하 지역을 위성사진으로 관측한 결과를 발표했습니다.

"1997년부터 2005년까지 26년 만에 시베리아 연안의 빙하가 모두 사라졌다. 이 계산대로 가면 55년 뒤에는 북극 어름은 모두 녹아 버리고 없어질 것이다."

허리케인 tonado

미국의 명문 공과대학 MIT의 케리 엠마누엘(Kerry Emanuel) 교수의 발표에 의하면, 지구상 화석연료 과다사용으로 이산화탄소가 매년 1%씩 증가하고 있는데 이로 인해 지구 온난화가 촉진되어 바다의 온도가 상승하여 앞으로 80년 이내에 다음과 같은 현상이

올 것이라고 예언했습니다.

"첫째로 대기(大氣)의 압력이 14% 정도 떨어지고 나면, 둘째로 바람은 6%, 비는 18%가 증가하며, 셋째로 해수면(海水面)의 온도가 2.4℃ 올라가면, 넷째로 5.5등급의 허리케인이 연속적으로 발생할 것이다."

이와 같은 예견이 현재 미국에는 사실로 나타나고 있습니다. 2011년 8월 28일 사상 최고의 허리케인 '아이린(Irene)'이 미국 동부해안을 휩쓸었습니다. 2011년 11월에는 울릉도 근처 해상에서 '용오름 현상(바다의 토네이도)'이 발생했습니다.

지구 자기장(磁氣場)의 변화

지구(地球)는 그 중심부를 '내핵(內核)'이라 칭하며, 그 바깥쪽을 '외핵(外核)'이 둘러싸고 있습니다. 외핵의 바깥쪽을 '맨틀(mantle)'이라 부르고, 그 바깥쪽 즉 우리가 살고 있는 곳을 '지각(地殼)'이라 합니다. 지구의 자기(磁氣)는 외핵 3000~5000km 사이에서 생깁니다. 외핵의 유체운동(流體運動 - 유체입자의 상대적 위치가 시간에 따라 끊임없이 변화하므로 흐름장 내의 모든 입자의 위치를 흔들리는 운동)이 전류를 발생하여 자기를 얻습니다. 지자기(地磁氣)의 극(極)이 움직이기 시작했습니다. 1831년 자북극(磁北極)이 처음 발견되었을 때보다 약 1000km 가량 이동했습니다. 자북극이 캐나다에서 시베리아 쪽으로 40km씩 매년 계속 이동하고 있습니다. 그

리고 자남극(磁南極)은 호주 태즈메니아 섬 남쪽 300km 지점에 위
치하고 있습니다.

전쟁(테러전 포함) 살상무기 증가 일로

지금 전 세계는 테러 전쟁으로 갈피를 잡지 못하고 있습니다. 성
경에는 예언되어 있습니다.

"민족이 민족을, 나라가 나라를 대적하여 일어나겠고, 곳곳에 지
진과 기근과 전염병이 있겠고, 또 무서운 일과 하늘로부터 큰 징
조들이 있으리라.(and there will be great earthquakes, and in
various places plagues and famines, and there will be terrors
and great signs from heaven.)" (눅 21:10-11)

지금 세계의 여러 나라는 핵무기 개발에 박차를 가하고 있습니
다. 그 실험으로 막대한 방사능이 지구를 덮기 시작했으며, 우주 공
간을 침범하는 우주 미사일은 지구를 보호하는 오존층을 감소시켜
태양에서 오는 유해광선이 모든 생명체를 위협하고 있습니다.

음식의 변화

유전자 조작 식품(Genetically Modified Organisms-GMO) 시
대가 오고 있습니다. 먼저 유전자 조작 식품을 논할 때 쓰이는 말부
터 알고 넘어가야 하겠습니다. 유전자 조작으로 만든 새로운 작물
을 '유전자 조작 농산물'이라고 부릅니다. 유전자 조작 농산물을 가

공해서 만든 식품을 '유전자 조작 식품'이라고 부릅니다. 유전자 조작에 의하여 옮겨 심은 새로운 유전자가 항상 목적한 대로 그 성질이 나타나는 것은 아닙니다. 유전자 조작이 이론과 실제는 달라지는 경우가 있습니다. 이런 현상이 나타나는 이유는 유전자는 그가 담당하는 주작용이 있으나, 주작용을 넘어서 또 다른 유전자와도 반응하여 별도의 작용을 나타내기도 하기 때문입니다. 이 범위가 어디까지인지는 과학도 아직 확실하게는 모르고 있습니다. 그러므로 새로 옮겨 넣은 유전자가 그 세포의 엉뚱한 유전자의 발현을 유도할 수 있어서 삽입된 부근 유전자들을 혼란에 빠뜨릴 수도 있습니다. 따라서 전혀 예상하지 못한 위험과 재앙을 초래할 가능성이 충분히 있습니다. 현재까지 나타난 유전자 조작 식품이 인체에 나타난 영향은 대략 다음과 같습니다.

1. 항생제 내성 표시 유전자가 장내 박테리아와 병원균에 확산되면 인체의 항생제 내성이 증대하여 웬만한 항생제는 효과를 잃게 되었습니다.
2. 한 유전자가 다른 생물에 도입되면 새로운 물질이 생산되어 그것이 독성으로 작용하거나 알레르기를 일으킬 수 있습니다.
3. 유전자 재조합은 다양한 병원균 사이에 병독성(病毒性) 확산과 새로운 병원성(病原性) 박테리아와 바이러스를 창출할 수 있습니다.

4. 새로운 병원성은 질병 바이러스를 재활성화하거나 그 운반체 자체가 세포 내로 들어가 암을 일으킬 수도 있습니다.

지금 현재의 과학 기술로는 누구도 앞으로 나타날 장기적이고 누적적인 악영향을 예측할 수 없습니다.

유전자 조작 생물체(GMO)

유전자 조작 생물체(GMO)는 환경을 파괴할 수 있습니다.

1999년 5월 20일자 《네이처》에 이러한 경고를 담은 기사가 실렸습니다.

"해충저항성으로 유전자를 조작한 GMO 및 제초제저항성으로 유전자를 조작한 GMO의 저항성 유전자는 쉽게 주위 생태계로 전이가 된다. 그 결과 해충과 잡초들이 저항성을 얻으면 슈퍼 해충과 슈퍼 잡초가 탄생하여 방제작업은 더욱 어렵게 될 것이며 이로운 곤충도 죽게 될 것이다."

결과적으로 생물의 다양성이 파괴되고 자연생태계의 순환 구조는 파괴될 것이 확실합니다. 그래서 2000년 1월 28일 캐나다 몬트리올에서 150개국이 모여 생명공학안전성 의정서(Biosafety Protocol)를 채택하였습니다. 그 내용은 GMO 수출국은 수입국에 관련정보를 사전 통보할 의무가 있으며, 수입국은 이해관계에 맞지 않으면 수입을 금지할 수 있다고 했습니다.

우주의 변화

137억 년 전, 우주를 만들어 낸 빅뱅(big bang-대폭발) 이래, 지구는 변함없는 상태를 유지하고 있고, 우주의 팽창 속도는 점점 느려지고 있다고 기존의 '우주기원론'은 설명하고 있습니다. 그 과학적인 근거는 지구가 팽창하는 힘보다 지구의 '중력(重力, 또는 引力)'이 가지는 상상을 뛰어넘는 엄청난 힘이 지구 중심을 향해 모든 것을 끌어당기고 있기 때문입니다. 지구상의 생명체를 비롯하여 모든 물체가 안전하게 존재할 수 있는 것은 지구의 중력이 팽창의 힘보다 커서 팽창을 저지하고 있기 때문에 지구는 창조 이래 같은 모양을 유지해 왔으며, 우주의 팽창은 거의 정지된 상태라고 생각해 왔었습니다. 그런데 최근에 와서 우주의 팽창 속도가 가속되었다는 것은 우리가 모르고 있던 어떤 힘이 중력보다 더 강력한 힘, 즉 중력을 밀어붙이는 힘(척력-斥力)으로 작용하여 우주의 팽창을 다시 가속화 하고 있다는 것으로 해석하게 되었습니다.

이와 같이 기존의 학설을 뒤집는 엄청난 사실은 미국 버클리 캘리포니아대 솔 펄머터(Saul Perlmutter) 교수(52)와 오스트레일리아 국립대 브라이언 슈미트(Brian P. Schmidt) 교수(44) 및 미국 존스 홉킨스 대학 애덤 리스(Adam G. Riess) 교수(42) 등 세 학자가 밝혀냈습니다. 그들의 논문은 1998년에 발표되었으며, 그 공로로 2011년 10월 노벨물리학상 수상자로 선정되었습니다. 이들은 태양보다 큰 거대한 별이 수축됐다가 극적으로 폭발해 엄청난 에너지를 방출하면서 한동안 은하의 별을 합친 것보다 밝게 빛나는 '별의 죽음' 현상을 표현하는 '초신성(超新星, supernova)'을 독특한 관측 방법으로 관측해 내어 우주가 점점 더 빠른 속도로 팽창하고 있다는 사실을 증명했습니다. 우주를 지배하는 엄청난 힘이 있으나, 그것이 무엇인지는 규명하지 못하고 이들은 그 힘을 '암흑에너지(dark energy)'라고 불렀습니다. 이렇게 우주에 변화를 가져온 뒤에는 초능력적 힘을 행사할 수 있는 존재가 있을 것이라는데 긍정적인 의견을 말했습니다.

이보다 약 28년 전, 1970년대에 미국의 천문학자 베라 루빈(Vera Rubin)은 은하(銀河) 안에 정체를 모르는 물질에 의해 별들의 회전 속도가 중심부로부터의 거리에 상관없이 일정하다는 사실을 발견했으며, 더 나아가 중심에서 멀리 떨어진 별이 더 빨리 회전하는 경우도 있음을 알아냈습니다. 이와 같은 현상은 기존 과학이 공인한 '중력장(重力場) 중심으로부터 멀어질수록 공전 속도가 느려진다는 케플러(Kepler)의 법칙'을 완전히 뒤집는 천체의 이변(異變)입니다. 베라 루빈은 이와 같은 이변을 유도하는 힘을 가진 정체불명의 물체를 '암흑 물질(dark matter)'이라고 불렀습니다. 그러니까 우주의 변화를 느끼기 시작한지 이미 반세기가 흘렀으며, 지구의 변화가 시작된 것은 한 세기를 넘겼습니다.

우주에 변화가 진행되기 시작했다는 사실을 밝힌 천문학자들은 "우주에 뭔가 있지만 뭔지 모르는 위대한 힘의 존재에 의해 우주에는 변이가 시작되었다."라고 말하고 있습니다. 우주의 기원설인 빅뱅(Big Bang)을 제창하여 노벨과학상을 받은 논문도 어떤 힘이 이와 같은 대폭발을 유도했을까를 밝히지는 못했습니다.

그런데 금번 '우주 팽창의 가속화'를 밝힌 세 학자는 '우주 암흑에너지'인 엄청난 힘이 우주의 운명을 좌우하고 있다고 말하고 있습니다. 그 천문학자들이 밝혀낸 바와 같이 이렇게 빠른 속도로 우주가 팽창을 계속한다면, 만일에 그 힘에 의하여 지구의 중력이 교란상태에 들어간다면, 지구의 생명체는 종말을 맞을 수도 있습니다. 이어서 얼마 안 가서 우주는 소멸될 것이라는 무서운 결과를 예측할 수도 있으니, '창조주 하나님을 믿는 자로서는 이와 같은 엄청난 힘에 의한 변화의 진행은 역시 우주를 창조한 힘이 우주의 종말을 유도하는 것은 아닐까?'라고 생각함에 무슨 잘못이 있을까요? 예수님이 재림하여 천년왕국이 시작되는 징조라고 생각한다면 잘못일까요? 그리스도인은 이런 생각을 하면서 주님을 영접하기에 합당한 깨끗한 준비에 힘쓰며 기도하며 봉사하는 생활로 주님을 모르는 사람들을 주님 앞으로 인도하면 잘못된 것일까요?

만일 우리의 신앙적 관심이 현재에만 집중되고 종말론의 차원을 잃어버린다면 우리의 신앙은 절름발이의 신앙이 될 것입니다. 종말론을 파괴와 끝장으로만 생각한다면 그것은 참으로 잘못된 신앙입니다. 종말은 새로운 세상이 시작되어 하나님 니라가 건설된다는 신앙의 핵심임을 잊어서는 안 됩니다. 종말의 소망을 잃어버린다면 교회의 존재도 죽은 교회가 될 것입니다. 언젠가는 종말은 옵니다. 그러니 교회는 예수님이 명하신 3대 사역 중, 수행하지 못한 치유선교를 시작하여야 할 때가 바로 지금임을 깨달아야 합니다.

3. 왜 사람이 지구를 이렇게 망쳐버렸을까?

사람은 본래 착하게 창조되었습니다. 창세기 1장 26절에 보면 사람은 하나님의 형상대로 창조주께서 창조하시고, 그들로 하여금 생명의 터전인 지구의 모든 생물을 다스리게 하셨습니다. 세월이 흐름에 따라 사람은 그 수를 더해 갔으며, 그들의 뇌는 세상사 여러 가지를 보는 관념이 적립되면서 사람의 생각은 유신론적 철학이 확립되었습니다. 하나님의 말씀에만 의존하고 삶을 영위하던 사람에게 성경을 떠난 세상 지식이 쌓이면서 사람의 말로 세계와 인간, 그리고 사물과 현상의 가치와 궁극적 의미에 대한 본질적이고 총체적인 생각을 유물론적 세계관으로 표현하게 되었습니다. 그 표현 능력이 뛰어난 사람이 '철학자', '정치가'라고 불리었습니다. 이런 특수층이 다른 사람들을 다스리게 되는 현상이 벌어졌으며, 철학이라는 학문으로 당당히 정립되어 사회는 철학자를 지도층의 인물로 받아들이게 되었습니다.

최초의 철학은 고대 그리스 말인 '필로소피아(φιλοσοφία)'에서 유래하였는데, 주로 일상생활의 지식이 아닌 인간과 신의 관계, 그리고 그것을 둘러싼 세계에 대한 관념적 지식을 의미하였습니다. 이것을 '세계관, 인생관, 가치관'이라고 부르기 시작하여 유신론적 철학이 정립되었습니다. 철학이 발전해가면서 종교와 철학의 마찰도 발생하여 초대 철학자 중에는 종교재판을 받기도 했습니다. 그러나 세월이 흐르면서 성직자들이 설교에 유명한 철학자의 말을 인용하기 시작했습니다. 어느새 사람들은 말씀보다 철학을 더 존중하는 풍조가 세상을 휩쓸면서 철학은 유물론적으로 기울기 시작하여 말씀의 위에 오르게 되었습니다.

　세월이 흘러 유물론적 세계관이 보편화 되면서 예수님이 실행하여 본을 보이신 치유사역이 성직자의 손에서 의사의 손으로 넘어갔습니다. 주님이 실행하여 본을 보이신 교회의 3대사역인 가르치고, 복음전파 하고, 치유하라는 가장 기본적인 교회의 사명 중에 치유사역이 교회를 떠났습니다. 아니 교회가 치유사역을 외면하였습니다. 그 결과로 질병은 하나님의 말씀에서 멀어졌을 때 생겨남으로, 성직자를 찾아 치유의 은사를 받아야 회복하는 것으로 알고 지내왔었습니다. 성직자가 치유에서 손을 떼고 병원을 찾으라고 하니, 사람들은 병은 하나님과의 관계와는 전혀 인연이 없는 다른 원인이라고 생각을 바꾸기 시작했습니다. 한편 치유를 담당하게 된 의사는 병의 원인에 관하여 성경과는 전혀 관계가 없는 물질적이며 객관적인 방법으로 체계적인 연구를 시작하였습니다.

드디어 16세기에 들어 1570년부터 1609년까지 네덜란드의 안경사 얀센 부자(Janssen,H.과 Janssen,Z.)가 현미경을 발명하였는데 이때부터 세균을 보기 시작하면서 물질이 병의 원인이었다고 판정하게 되었습니다. 17세기에 들어서면서 윌리엄 하비(William Harvey)가 1628년에 인체의 혈액이 순환한다는 것을 발견하였고, 또한 아이작 뉴턴(Issac Newton)은 '빛의 색깔 이론'(1672), '미적분학 이론 및 중력에 대한 법칙(만유인력)'(1669)을 발견하여 근대 과학의 기초를 마련했습니다.

18세기에 이르러 1761년에 조반니 바티스타 모르가니(Giovanni Battista Morgagni)가 인체의 해부학을 정립했습니다. 19세기에는 1856년에 루돌프 피르호(Rudolf Virchow)가 세포병리학을 확정했고, 1929년에는 알렉산더 플레밍(Alexander Fleming)이 항생제 페니실린을 발견함으로 과학(유물론적)이 병을 정복했다고 개가를 올려 물질과학이 세계관을 주도하기에 이르러 유신론은 그 빛을 잃었습니다.

이렇게 자연과학은 발전했습니다. 과학은 철학을 넘어서 인간의 병과 자연현상과의 이치와 질서를 발견하는 학문으로 자리 잡게 되면서 과학자는 성경과 멀어지는 결과를 낳았습니다. 과학은 본질적으로 세 가지 측면을 가지고 있습니다. 첫째는 자연에 관한 정보를 체계적으로 얻거나 수집하는 과정이며, 둘째는 그러한 과정을 통하여 얻어지는 지식이며, 셋째는 과학자 자신의 가치관 및 세계관, 그리고 종교관의 차이로 방향이 정해집니다. 과학은 물리학, 의학, 생물학, 생화학, 지구물리학, 환경과학 등으로 나눠집니다.

현재까지 발전을 거듭한 과학은 완전히 유물론적 과학으로 창조를 부인하면서 진화론을 진리인양 교육을 펴왔습니다. 이런 교육이 오백 년 이상 계속되면서 세상은 성경보다는 과학을 숭배하는 과학만능사회로 변해 버렸습니다. 유물론적 과학은 지구와 사람을 창조하시고 그것을 아름답다고 스스로 감탄하신 하나님의 말씀은 안중에도 없이 이 지구의 모든 자원을 과학적 지식으로 처리하고 변형시켜버렸습니다. 인류의 생활을 편리하게 하기 위해 개발을 강행하여 지구의 모든 것을 사람 위주로 만들었습니다.

이런 잘못을 저지르게 된 근본에는 종교가 치유선교에서 손을 떼면서 유신론적 세계관이 빛을 잃고, 사람들은 유물론적으로 진화한데서 비롯되었습니다. 병의 원인과 치유에 관한 과학적 연구의 결과가 유신론적 세계관을 버리게 되었고, 유물론적 세계관으로 변하면서 성경과 멀어졌으며, 과학만능 사회가 만들어지면서 과학자들은 조물주와 생명의 관계를 무시하기 시작했습니다. 그 결과로 자연이 생명체의 건강을 지켜 주는 기초적 환경임을 도외시하게 되었고, 의사들의 병의 원인을 찾아내려는 연구는 순전히 유물론적으로 진행되면서 과학만이 진리인양 유물론적 세계관이 확립되었습니다. 조물주가 창조하신 지구상 물질을 과학적으로 마음대로 조작하여 사람들에게 편리를 주려던 행위가 결과적으로 무서운 공해를 불러와 현재의 지구는 생명체를 보전하는 능력을 잃게 되었습니다.

유신론적 과학자의 대표적인 인물로 알버트 아인슈타인(Albert Einstein)을 들 수 있습니다. 아인슈타인은 미국 해리 트루먼(Harry Truman) 대통령이 수소폭탄을 만들자는 제안을 단호히 거절한 과학자입니다. 만일 그때 아인슈타인이 유물론적 과학자였다면 수소폭탄은 만들어졌을 것이며 그 결과는 지구상의 많은 생명이 죽음을 당하였을 것입니다. 그러니 치유사역에서 손을 뗀 교회가 이와 같은 유물론적 과학자와 사회관 정립과 오늘날의 이 참담한 지구를 만들어 낸 간접적인 책임이 있다는 것을 인정해야 합니다. 이 과오를 바로잡으려면 치유사역이 시작되어야만 합니다.

현재 지구는 종말을 향해 치닫고 있습니다. 생명체는 멸종으로 강행군을 하고 있으며, 사람은 모두 공해로 인해 전혀 기대하지 않았던 암을 비롯하여 갖가지 불치병으로 병원과 영안실은 만원 상태로 되었습니다. 그러나 현대 의학은 이것을 감당하지 못하고, 암담한 현상이 벌어지고 있습니다.

과학이 20세기에 들어서면서 생명의 근원을 밝히기 시작했습니다. 생명의 근원은 피조물이었으며, 창조주는 살아 계심을 깨닫기 시작했습니다. 드디어 생명과학자의 세계관이 유신론으로 기울기 시작하였으며 질병의 치료도 창조주의 작품인 유전자 치료, 줄기세포 치료를 향해 연구의 초점을 맞추어 인류의 질병을 정복하려고 총력을 기울이고 있습니다. 생명과학은 옛 모습을 탈피하고 새로워졌습니다. 이 엄청난 재앙에서 벗어날 길이 말씀 속에는 없는 것일까요? 믿는 자들의 모임인 교회가 앞장서야 할 때가 왔다고 느껴지지는 않습니까? 치유선교를 펼칠 받침돌을 부르시는 여호와의 음성이 들리지 않습니까?

개구리를 뜨거운 물에 넣으면 바로 뛰쳐나오지만, 찬물에 넣고 서서히 데우면 닥쳐올 위험을 모른 채 죽어 간다고 합니다. 위험이나 경고를 감지하지 못해 대형 사고나 재앙을 맞는 경우를 빗대어 종종 쓰는 표현입니다. 강도 높은 위험이나 경고는 바로 대처하면서 서서히 다가오는 위험을 감지하지 못하는 것은 다반사입니다. 좋지 않은 습관은 물론 행동과 타성 등이 나중에 눈덩이처럼 커져서 부지불식간에 위험으로 옵니다. 그때는 후회해도 소용이 없습니다. 현대 사회의 흐름과 믿는 자들의 사고가 긍정적이거나 권장할 만 하다면 더없이 좋으련만, 혹 천국으로 가는 길을 잘못 선택했다면 이때야말로 진정 십자가 앞에 무릎 꿇고 기도해야 할 때라고 믿습니다.

4. 치유선교는 이 시대의 사명이다

"병든 자를 고치며 죽은 자를 살리며 문둥이를 깨끗하게 하며, 귀신을 쫓아내되, 너희가 거저 받았으니 거저 주어라."(마 10:8)

예수님이 이 세상에 오셔서 믿음에 의해 이루어지는 이적과 기사를 행하신 기록이 신약성경의 4복음서입니다. 눈 먼 소경을 보게 하셨고, 나병환자를 깨끗한 몸으로 만드시고, 혈루병 환자를 고치시고, 앉은뱅이를 걷게 하셨으며, 죽은 나사로를 살려 내셨습니다. 그래서 세상 사람들은 예수님을 '메시아'라고 부르면서 수많은 사람들이 구원을 받으려고 예수님 앞으로 모여들었습니다. 드디어 믿음이 병 고침의 은사를 받을 수 있다는 확신으로 성경적 세계관을 확립하여 교회가 만들어졌습니다.

예수님은 사도들에게 치유의 은사를 베풀 수 있는 권능을 주시고, 그들로 하여금 실습을 할 기회까지 주시면서 치유사역을 땅 끝까지 전하라 명하셨으며, 치유사역에 종사하는 사도들과 언제나 함께 하시겠다고 약속의 말씀을 남기셨습니다.(마 28:16-20) "함께 하시겠노라"라고 하신 말씀을 다시 되새겨 보시기 바랍니다. 이렇게 주님의 권능을 받은 사도들은 예수님이 승천하신 후, 치유사역을 계속하면서 수많은 사람들이 믿음을 찾고 은사를 받아 교회는 번창하게 되었습니다.

그러던 치유사역이 중세기에 이르러 교황의 칙령으로 성직자의 손을 떠나 의사에게로 넘어갔습니다. 이때부터 사람의 질병과 믿음에는 아무것도 관계가 없는 것으로 사회적 관념이 넓게 퍼졌습니다. 이처럼 성경적 관념을 떠나 병의 원인이 무엇인가를 찾는 연구가 시작되었으나, 이 연구의 기본이 유물론적 관념으로 진행되다 보니 과학은 유물론적 학문으로 정착해 버렸습니다. 유물론적 과학은 이 세상 모든 것이 창조주의 예술적인 작품이라는 사실을 완전히 무시하고, 모든 자원을 인간의 지혜인 과학으로 변형하여 처리했습니다. 그러나 과학의 창작이 사람에게 유익하고 편리를 줄 것으로만 생각했던 희망이 현재와 같은 재앙을 초래하고 말았습니다.

인술을 바탕으로 하는 치유사역의 시작은 예수님의 가르침으로부터 시작되었습니다.

"예수께서 그의 열두 제자를 부르사 더러운 귀신을 쫓아내며 모든 병과 약한 것을 고치는 권능을 주시니라."(마 10:1)

"… 열둘을 내보내시며 명하여 이르시되 … 병든 자를 고치며 죽은 자를 살리며 나병환자를 깨끗하게 하며 귀신을 쫓아내되 너희가 거저 받았으니(치유하는 권능을) 거저 주라"(마 10:8)

이제 교회가 예수님이 명하신 치유사역을 다시 시작하여 많은 환자를 구하게 되면 참으로 든든하게 민중의 신뢰를 다시 찾게 될 것입니다. 그리고 과학도 성경적 세계관으로 돌아와 말세를 향하여 줄달음질치고 있는 이 지구를 구하게 될 것입니다.

주님의 치유사역을 완성시킬 수 있는 길은 여러 가지가 있을 수 있습니다. 저의 지난날의 경험에 비추어 다음과 같이 치유선교를 이룰 수 있는 방법을 추천하겠습니다. 이 운동을 실행하기 위해서는 먼저 다음과 같은 구성단위 기구를 두어야 합니다.

1. 교단 본부에 치유선교운동본부를 총회의 동의를 얻어 설립한다.
2. 산하 각 노회에 치유선교운동 OO노회지부를 결성하고 '중앙 대의원(운동본부 총회에서 의결권-투표권을 행사)'을 둔다.
3. 노회지부는 노회산하 각 교회의 당회장 목사를 '노회지부 대의원(노회에서 의결권을 가짐)'으로 임명한다.
4. 노회지부 대의원은 이 운동에 참가할 각 교회의 장로, 권사 중 자진동참을 원하는 제자를 영입하여 '치유선교 선임천사'로 임명한다.
5. '치유선교 선임천사'는 주님의 명을 따르겠다는 믿음의 형제

중에서 '천사회원'으로 영입하여 각 '노회지부'는 최소한 1,000 명 이상의 천사를 확보해야 한다. 교단본부는 적어도 10개의 노회지부를 확보해야 한다. 이 운동의 명칭은 '천사치유선교운동(天使治癒宣敎運動)'이라 칭하며, 모든 천사는 매월 10만 원의 운동자금을 주님께 바친다.

이 운동의 활동 무대는 산수가 수려한 에덴동산과 흡사한 자연 속에 위치하여야 합니다.

"수고하고 무거운 짐진 자들아. 다 내게로 오라 내가 너희를 쉬게 하리라."(마 11:28)

이와 같은 말씀을 실천에 옮기는 곳, '예수의 가슴속 마을'을 말합니다. 이 마을에는 다음과 같은 시설을 가집니다.

1. 교회
2. 영성치유선교센터: 병원, 입원실, 재활 운동실, 온열 치료실, 다용도실, 식당.
3. 치유천사의 낙원: 자원 봉사자와 치유센터 직원 숙소.
4. 목사님의 쉼터: 은퇴 목사님(자원봉사)사택.
5. 온실 및 창고: 채소를 자급자족하기 위한 시설.

여기에 입소하는 환자는 무료환자와 실비부담환자로 구분한다.

이 표본을 찾으려면 이박행 목사가 운영하고 있는 전라남도 보성군 복내면 천봉산에 있는 복내치유선교센터(061-853-7310)를 방문하십시오.

이 운동이 전 세계로 전파하여 이 어두운 세상의 물질과학만능의 세계관을, 성경 위주의 새로운 패러다임으로 바꾸어 주님이 부르시는 구원의 십자군이 일어나야 합니다. 치유사역만이 교회 밖에서 서성대는 길 잃은 양떼를 구하고 믿음을 심어 주어 유물론적 과학으로 황폐화하는 지구를 구하고 교회의 신뢰를 찾을 수 있다고 확신합니다. 뿐만 아니라 현 세대의 수많은 불치병을 치유할 수 있어서 예수님 시절과 같은 민중의 신뢰를 회복할 것입니다.

이 글을 맺으면서

  생명체는 어떻게 생겨났는가를 현대과학이 증명한 실례를 들어가면서 20세기 전에는 과학도 알지 못하고 지내온 생명의 실상을 독자들이 확실하게 이해하고 확인하도록 최신 논문들을 인용했습니다. 태초로부터 성경에 예언되어 있었으나 그것이 무엇을 뜻하는지를 이해할 수 없었던 말씀이 현대에 와서 생명과학이 증명해 낸 하나님이 주신 '복'을 행사하는 집행관이 바로 염색체라는 사실을 깨달았습니다. 이제 생명과학자와 의사는 과감하게 유물론적 세계관을 버리고 창조주 앞으로 나와야 하고, 성직자는 더 이상 지체하지 말고 치유사역에 앞장서는 계기가 되었으면 하는 염원을 담고 이 글을 썼습니다.

  21세기의 생명과학의 최신 연구 논문들을 인용하면서 그 내용은 모두 처음 들어보는 학술적 단어이며, 지난날의 교육 수준으로는 상상도 못했던 기상천외의 사실들을 증명하는 내용들이었습니다.

그 내용들은 지난날의 의료교육수준을 훨씬 웃도는 내용이어서 귀에 익지 않은 생소한 문구들을 나열하다 보니 마치 교과서와 같은 딱딱한 느낌을 드리게 되었습니다. 작문에 재간이 없는 나 자신에게 채찍을 가하는 심정으로 이 책을 썼지만 마음은 무척 무거웠고 독자 여러분에게 죄송스러웠습니다. 그러나 이 내용들은 창조를 학술적으로 증명하여 생명은 피조물이며 창조주는 살아 계시다는 믿음이 깨끗하게 정립되도록 유도하는 과학적 증거들이었습니다.

성경에 기록되어 있는 창세로부터 감추어져 왔던 비밀인 생명의 실상이 오늘날에 와서야 과학이 밝혀내어 모든 사람이 알게 되었습니다. 왜 이때에 와서야 밝혀졌을까요? 왜 과학을 통해서 밝히셨을까요? 그것은 세상의 많은 사람들이 성경보다는 과학에 더 의지하고 있기 때문일 것입니다. 사람들이 유물론적 과학으로 세상을 개조하여 운영함으로써 창조주가 창조하신 생명체의 삶의 터전인 지구마저 본연의 임무를 수행하기 힘든 상태로까지 망가져 버렸습니다. 생명체를 창조하신 하나님의 신성인 복의 집행관인 염색체에게까지 돌이키기 어려운 상처를 줌으로써, 하나님께서 그토록 사랑하시는 피조물인 사람들이 병에 시달리게 되었습니다. 인간의 과학이 겁도 없이 창조주가 천지를 창조하신 뜻을 멀리하고 있으므로 창조주께서 생명의 근원을 과학을 통하여 증명해 보이시면서 창조주가 살아 계심을 알게 하고 성경의 가르침대로 사람이 여호와 앞으로 돌아오도록 구원의 사역을 펼치셨다고 믿습니다.

이 글을 읽으시고 과학자는 과학적 발전이 순수하게 인간을 이롭게만 하였는지, 이로울 줄 알고 했는데 예상치 못한 부작용이 오히려 사람에게 해를 끼치고 있지는 않은가를 겸허하게 뒤돌아보아야 합니다. 어서 빨리 성경의 가르침을 과학을 통하여 새로운 희망의 과학으로 이끌어야 합니다.

사람의 생명과 병고를 다루는 의사는 물질과학적 치료만으로는 병마와의 싸움에서 승리할 수 없음을 인식해야 합니다. 현재의 의료업자인 의사의 자리에 연연하지 말고, 예수님이 본을 보이신 인술을 행하는 선생님의 자리로 돌아가서 물질과학적 치료와 영성치유를 함께 베푸는 성인의 자리에 옮겨 서시기를 기도합니다.

성직자는 생명과학자가 밝혀낸 유전학을 강 건너 불구경하듯이 쳐다보면서 저것은 우리의 소관이 아니라고 오판하는 과오에서 하루 속히 벗어나야 합니다. 예수님이 본을 보이시면서 땅 끝까지 전하라고 명하신 세 가지 사명 중에 가르치고 전도하는 두 가지는 참으로 훌륭하게 실천하였으며, 교회도 참으로 훌륭하고 웅장하게 지었습니다. 세계에서 가장 큰 교회 건물이 한국에 섰습니다. 칭찬하시겠지요. 이제 남은 것은 '치유사역'입니다. 병원마다 환자는 득실거리고, 영안실은 만원입니다. 암 환자는 늘어만 가고, 각종 불치병은 증가일로에 있습니다. 현대 의학이 자랑하던 화학요법은 웬일인지 예전 같이 효과가 없습니다. 생명과학은 드디어 유전자 치료에 연구의 초점을 맞추고 새로운 치료를 개발하려고 총력을 다하고 있습니다.

지금이 바로 예수님이 본을 보이신 치유사역으로 성경이 진리라는 체험의 은사를 베풀어야 할 가장 절실한 시기입니다. 치유의 권능을 받았으니 모든 성직자는 이 사역을 땅 끝까지 전하라 하신 말씀에 순종하여 치유의 선봉에 서서 수많은 병고에 시달리는 양의 무리를 치유하는 성자의 자리에 서야 합니다. 그래야 교회가 사람들의 신뢰를 받고 전도의 앞날이 밝아집니다. 이 세상을 구원하려는 여호와의 역사를 집행하는 성스러움으로 인류는 물론 어두워져 가는 이 세상을 구원하여야 합니다. 그렇게 하려면 성경의 과학적인 진리를 치유사역을 통하여 증명해 보여야만 합니다.

마지막으로 이 글에 도움을 주신 안도현 목사님, 김종회 과학문화연구소 이사님, 그리고 하버드의 영재 조우석 군에게 감사하며, 이 어설픈 글을 출판하여 많은 사람들이 접할 수 있는 기회를 주신 예영커뮤니케이션 김승태 사장님께 주님의 은총이 함께 하시기를 기도하면서 이 글을 맺으렵니다.